H. K. CHALLONER

REGENTEN DER SIEBEN SPHÄREN

F. HIRTHAMMER VERLAG

Titel der englischen Ausgabe: REGENTS OF THE SEVEN SPHERES
Rechte der englischen Ausgabe: THE THEOSOPHICAL PUBLISHING HOUSE, LONDON

Autorisierte Übersetzung: BEATRICE FLEMMING

ISBN 3-921288-79-7

Balanstraße 17, D-8000 München 80

INHALTSÜBERSICHT

EINFÜHRUNG

von

Cyrill Scott

Die Christen haben immer an unkörperliche Wesen, Engel zum Beispiel, geglaubt, die Hindus an Devas und die Kelten an Feen, Gnome und andere Naturgeister.

Für den Theosophie-Schüler ist die Bezeichnung „Devas" ein Gattungsname und umfaßt ganze Heerscharen nicht-physischer Wesen: von kleinen Elfen bis zu unvorstellbar herrlichen kosmischen Regenten. Haben diese Wesen eine wirkliche Existenz? Oder sind es Phantasieprodukte, vielleicht auch religions-philosophische Symbolfiguren? Der Materialist antwortet hier mit einem ausdrücklichen Ja. Nicht aber der in esoterischen Wissenschaften geschulte Forscher, der seine hellsichtigen Fähigkeiten diesen überirdischen Naturgeschöpfen zuwendet. Auch nicht der auf natürliche Weise hellsehende Ire oder Schotte, welcher durch den Besitz des „Zweiten Gesichtes" die Feen beim Spielen und die Undinen in den Wasserfällen tanzen sieht; der Salamander im Herdfeuer und Sylphen beim Erbauen von wechselnden Wolkengebilden beobachtet; oder dem ein dunkler Elementargeist erscheint, ihm ein bevorstehendes Unheil zu künden. Denn wenn es ihm auch an Wissen darüber fehlt, so erblickt er doch manche der unteren, leicht wahrnehmbaren Bewohner jenes großen Entwicklungs-Systems, das parallel mit dem menschlichen verläuft und als die „Deva-Evolution" bekannt ist.

Normalerweise wird das Deva-Reich von der Menschheit nicht wahrgenommen und ist von ihm getrennt – so wie Meer und Land abseits voneinander liegen. Dennoch sind die Devas nicht nur lebenswichtig an der Auswirkung unserer karmischen Geschicke beteiligt, sondern sie handhaben auch mächtige geistige Kräfte, die beim Erbauen und Erhalten des Kosmos Anwendung finden.

Jeder Bewußtseins-Ebene gehören bestimmte Devas zu. Es gibt zum Beispiel Gebirgs-Devas und solche, die über Vulkanen brüten; Devas, welche den Blitz lenken; Devas, die mit Religionen, Nationen, Zeremonien, mit Malerei, Musik, Literatur und dem Drama, mit Wissenschaft, Philanthropie und Heilung und ebenso mit allen Naturprozessen verbunden sind. Wenn also der Materialist behauptet, die Naturtätigkeiten seien lediglich das Ergebnis mechanischer Kräfte, Orkane zum Beispiel, oder von übermäßiger Hitze, so besitzt er nur die halbe Wahrheit. Und wenn er meint, daß „Zufall" die Ursache sei, warum der Blitz ein Haus entzündet und ein anderes nicht, so ist das nicht einmal die halbe Wahrheit. Denn der Blitz wird von Devas gelenkt, welche wiederum den Geboten der mächtigen rechtwaltenden HERREN DES KARMAS unterstehen. Nicht durch Zufall verliert ein Mensch seinen Besitz auf solche oder ähnliche Weise, sondern als Folge einer selbstsüchtigen Handlung im Lauf seiner früheren Inkarnationen. In diesem Fall wohl einer Beschwörung von Feuergeistern für böse Zwecke. Wenn also antike Völker an ihre „Götter" von Donner und Sturm glaubten, so waren sie nicht so abergläubisch, wie spätere Rassen in ihrer anmaßenden psychischen Blindheit meinen. Denn diese Naturkräfte werden wahrhaft von Devas beseelt, die sie – als ihre Verkörperungen – lenken und steuern.

Die Devas können als Kraft- und Intelligenzzentren bezeichnet werden, die unter Leitung mächtigerer Wesenheiten die Funktionen besonderer Ämter ausführen. Sie inspirieren Künstler und Kunstrichtungen, ausübende

Musiker und speziell Komponisten, welche sie anfeuernd begeistern. Sie geben dem Dichter eine poetische, wohlklingende Sprache ein, sie verleihen dem Arzt die „heilende Berührung", sie beseelen die höheren Typen jedes religiösen Zeremoniells. Devas sind es auch, welche oft die Gebete von Gläubigen beantworten und Traurigen Trost spenden. Sie sind immer bereit, dem Menschen zu helfen – je nach seiner Empfänglichkeit. Aber, um reicher zu empfangen, ist es sehr ratsam, sich Wissen über die Devas anzueignen.

Alle Formen menschlicher Schöpfer-Tätigkeit ziehen unvermeidlich die Mitwirkung von Devas an, obwohl dies dem Menschen bisher unbewußt blieb. Aber nun ist die Zeit da, wo die Hüter der Menschheit, die Innere Spirituelle Regierung der Erde, eine engere Berührung zwischen beiden Evolutionen wünschen. Gradweise wird der Mensch die Kraft erwerben, bewußt mit Devas zu arbeiten; und um das Wissensfeld auf diesen Linien auszudehnen, wurde auch dieses Buch geschrieben. Dennoch wurde auch hierüber nur „ein Zipfel des Schleiers gehoben", denn viele esoterische Kenntnisse können nur Initiierten enthüllt werden. die unter Aufsicht ihrer MEISTER die höheren Deva-Kontakte gefahrlos auf deren Ebenen unternehmen können.

Manche Forscher beschränkten ihre Aufmerksamkeit meist auf die Devas, welche die christlichen Rituale beseelen. Doch viele Anzeichen weisen darauf hin, daß diese Religion im Schwanken begriffen ist. Mit den Generationen wechseln die Menschentypen. Die Ehrfurcht vor Kirche, Tradition und älteren Menschen ist im Schwinden. Die heutige Geistlichkeit kann von der kritischen, sophistischen Jugend unserer Tage kaum mehr Verehrung erwarten. Der Priesterstand verliert infolge starker karmischer Faktoren seinen Einfluß. Daher werden die früher sehr bedeutungsvollen zeremoniellen Devas zeitweilig in den Hintergrund gedrängt, während die, welche Musik und andere Künste inspirieren, stärker hervortreten. Bildende Künstler, Literaten und Musiker sollen die Stromwege für die Deva-Tätigkeiten der relativ-nahen Zukunft sein. Die Religion, besonders die des reindevotionellen Typs, ist nicht das einzige Evolutionsmittel der Menschheit. Religionen verbreiten sich und vergehen, denn jede ihrer Spielarten wird von der Adepten-Hierarchie ins Leben gerufen, um eine spezielle Wahrheit zu betonen. So werden immer wieder Glaubensrichtungen mit Riten, Priestern und Propheten auftreten und schwinden, bis diese Erde selbst ihr Leben verliert.

Dies jedoch geschieht nicht mit der RELIGION selbst – jener tiefen Sehnsucht im Menschenherzen nach Erkenntnis des Göttlichen und Vereinigung mit I H M. Es gibt eine einem hochbedeutenden Seher (C. W. Leadbeater) gegebene Zukunftsvision, die einige spezialisierte Formen religiöser Zeremonien vorausahnen läßt, in denen hohe Devas als Hierophanten auftreten, wobei die an den Riten teilnehmenden Menschen genügend hellsichtig geworden sein werden, um die Devas wahrnehmen und mit ihnen gemeinsam wirken zu können. Dies ist nur e i n Beispiel von sehr vielfältigen Möglichkeiten, in denen die Verbindung der beiden Evolutionen von den A D E P T E N verwertet werden wird, um immer höhere Schönheit und Macht in der Menschenwelt zum Ausdruck zu bringen.

Nun zuletzt noch einige erklärenden Worte über die „Schülerin", welche, unter dem als MEISTER HILARION bekannten Adepten, den verwegenen Versuch gemacht hat, einige der erhabensten Devas mit Feder und Pinsel darzustellen und der Menschen-Welt deren Gedanken zu vermitteln. Ich bin jedoch zu sagen benötigt, daß hier nur ein unzulänglicher Eindruck von ihren herrlichen und vieldimensionalen Gestalten erscheinen kann. Diese Wesenheiten genau so zu malen, wie sie sind, ist ebenso unmöglich, wie eine exakte Wiedergabe einer Orchester-Symphonie auf dem Klavier. Einerseits sind in ihren Vehikeln Farben enthalten, die nicht in das Fassungsvermögen unserer begrenzten physischen Wahrnehmungen gelangen; und andererseits verändern sich ihre Formen und Farbtöne fortwährend wie bei einem Kaleidoskop. Und ihre Auren dehnen sich beständig aus und ziehen sich wieder zusammen. Dennoch aber ist der Autorin außerordentliche Hochachtung zu erweisen für die Art und Weise, eine so schwierige Aufgabe vollbracht zu haben. Bisher sind in der theosophischen Literatur nur Schilderungen der Devas erschienen, aber es wurde (mit der späteren Ausnahme von Geoffrey Hodson – D. Ü.) kein Versuch unternommen, sie zu malen, so daß die Autorin in dieser Hinsicht als ein mutiger Pionier in einem noch unerforschten Land dasteht. Außerdem ist das Buch ein kostbarer Schatz an poetischem Ausdruck und Kraft der Sprache; und sogar die, welche infolge ihrer Wesensart den Aussagen zu skeptisch gegenüberstehen, können nicht anders, als sich an dieser Poesie zu entzücken.

Wir selbst betrachten es als einen hoch-wertvollen Beitrag zu der Literatur, die dem Studium des Unsichtbaren und dessen Beziehung zur sichtbaren Welt gewidmet ist.

VORWORT

„Wächter der Sieben Sphären" – welches jetzt in „Regenten der Sieben Sphären" umbenannt ist, weil dieser Titel ihre Natur und Funktionen genauer ausdrückt – wurde vor über dreißig Jahren veröffentlicht. Deshalb glaube ich, daß für die Leser, welche noch nicht mit der in jener Zeit geschriebenen Bücher-Reihe bekannt wurden, einige erklärende Worte über die von dem „LEHRER" angewandte Methode, sie zu diktieren, von Interesse sein mögen.

Weil dies aber bereits ausführlich im ersten Buch „Das Rad der Wiedergeburt" beschrieben wurde, soll hier nur eine Skizze von den außergewöhnlichen Ereignissen gegeben werden, die in meinem direkten Kontakt mit dem Lehrer ihren Höhepunkt erreichten.

Mehrere Monate vorher wurde ich – sehr gegen meinen Willen – überredet, eine seriöse spiritualistische Veranstaltung zu besuchen. Der Leiter teilte mir nachher mit, daß ein hoheitsvoller Lehrer von großer Gestalt hinter mir stünde; und er solle mich unterrichten, daß ich in kurzer Zeit einige Bücher unter dessen Führung schreiben könnte – zuerst eins über Reinkarnation. Gleichzeitig erwähnte er, einige ägyptische Hieroglyphen über meinem Kopf zu sehen.
Auf Fragen wurde mir bedeutet: „Warte und sieh!"

Als es aber so weit war, erwies sich die einströmende Kraft so gewaltig und das Gefühl von authentischer Souveränität, von Schönheit, Frieden und absoluter Sicherheit so machtvoll, daß nur noch tief-dankbare Beglückung möglich war. Denn vorher hatte ich übliche psychische Praktiken und besonders „antomatisches Schreiben" mißbilligt, da mir die Gefahren von Selbsttäuschung und sogar Besessenheit bekannt waren. Ich war auch der Meinung, keine übernatürlichen Fähigkeiten zu besitzen und hatte erst wenige theosophische Bücher gelesen.

Bald danach nahm ich mit zwei Freunden, von denen einer psychische Gaben besaß, Aufenthalt in einem einsamen Bungalow an der See. Es traten verschiedene okkulte Phänomene auf, und wir alle wurden uns eines sonderbaren Gefühls von Anspannung bewußt, als ob ein Kraftwirbel von großer Stärke aufgebaut würde.

Eines Nachts hatte ich dann einen sehr lebendigen „Traum" von mir selbst als ein Mann in Atlantis. Er brach jäh ab, wurde aber in der nächsten Nacht wieder aufgenommen. In mir glühte nun ein mächtiger Impuls, das Ende dieser „Geschichte" zu erfahren. Und so wurde ich bewogen, einen Versuch mit psychischem Schreiben zu machen. Nach zwei Fehlschlägen kamen klare Mitteilungen durch, und zwar von jemand, der sich als eine „tote" Freundin von uns bezeichnete und mir ebenfalls erklärte, daß ein „Hoher Lehrer" wünsche. ein Buch durch mich zu schreiben, wenn ich bereit dafür sei.

Zuerst war noch meine angeborene Skepsis im Weg. A b e r – als schließlich der L E H R E R selbst Fühlung mit mir aufnahm und die erstaunlich wunderbare Schwingung von Frieden, Liebe und Weisheit in mich einzog, die seine Gegenwart begleitete, war ich ganz ruhig und sehnte mich, mit dem Experiment anzufangen. Dieses Empfinden von völliger sicherer Geborgenheit und einem hohen Privileg wurde verstärkt, als ich erkannte, daß keine Rede davon war, mich etwa in eine Trance zu schicken: kein Zwang wurde je ausgeübt. Und obwohl am Anfang die Steuerung sehr machtvoll war und ich geschult wurde, auf den leichtesten Impuls zu reagieren, ließ dieses nach, als ich an die Methode gewöhnt war und sie bald in eine Art Zusammenarbeit überging – wie zwischen zwei Personen, die fast mit einem Bewußtsein wirken.

Ich kann auch jetzt noch nicht die Technik beschreiben, die der Lehrer anwendete, als E r mir eine Reihe von Lebens-Episoden meiner Vergangenheit in „Das Rad der Wiedergeburt" diktierte, sowie Erklärungen über das Wirken des Karmagesetzes und die anderen großen Lehren. Sie bestand aus einer Art von mentaler Telepathie, wodurch seine Lehren meinem Gehirn aufgeprägt wurden. Ich wußte immer schon, was geschrieben werden sollte, ehe es – in einer von der meinen verschiedenen Handschrift – dastand.

Der Vorgang war nur entfernt mit jenen Inspirationen zu vergleichen, wenn Worte und Bilder in ein dichterisches Werk einfließen. Denn es war hier weitaus machtvoller und lebendiger. Später wurden in ähnlicher Weise Malereien gegeben, wobei die Kontrolle stärker war. Es waren meist Deva-Gestalten von strenger Schönheit. Mir selbst wäre dies unmöglich gewesen, denn ich war keine geschulte Künstlerin. Der Vorgang glich dem, in welchem ein Künstler sich bemüht, die Hand eines Kindes zu führen.

Während all der Zeit wurde mir intensive Schulung zuteil. Jedoch wurde ich stets völlig frei gelassen und konnte den Kontakt jederzeit abbrechen. Auch konnte ich Fragen stellen, Erörterungen einfließen lassen und sogar zweifeln. Dies ist ein extrem-bedeutungsvoller Punkt, weil jede Art von okkultem „Geführtwerden", die auch nur im mindesten in den freien Willen des Betreffenden eingreift, sich als die von den Mächten der Finsternis benutzte Methode entlarven muß.

Schließlich wurde der Kontakt schwächer und ferner, als ob der LEHRER sich allmählich zurückziehen wollte – was auch der Fall war. Denn er teilte mir mit, daß er sich bald ganz aus dieser engen Verbindung lösen werde. Ich solle nun lernen, alles Erfahrene zu praktischer Anwendung zu bringen und die Disziplinen ohne seine direkte Hilfe weiterzuführen. Er betonte, es sei nicht zulässig, daß jemand über eine gewisse Phase hinaus Wissen, Weisheit und Lenkung quasi von „Außen" her erhielte. Das wirkende

Ziel für uns sei, selbst die Fähigkeit des „Eintretens in die Stille“ zu erwerben, also die Weisheit des „Meisters im Herzen“ zu erwecken – des Höheren Selbstes als Sitz der Göttlichen Weisheit.

Unter gewissen Umständen können jedoch (wie in diesem Buch) schöpferische Ideen, die außerhalb normal-menschlicher Fähigkeiten liegen, übermittelt werden – wenn jene Spirituellen Könige, die der Menschheit als Führer und Lehrer zu helfen suchen, es für nötig halten, daß ein bestimmtes Werk ausgeführt wird. Dann werden Inspirationsblitze, segensreiche Entdeckungen oder erleuchtende kosmische Offenbarungen in darauf gestimmte Menschengeister geworfen, welche diese dann aufzeichnen.

Ehe der Lehrer sich gänzlich zurückzog, wurde ich mit Wesen von einer mir unbekannten, ganz verschiedenen Ordnung – mit dem Deva-Reich – in Berührung gebracht. In diesem Buch benutze ich meist den östlichen Ausdruck „Deva“, da er a l l e Grade umfaßt. Auch haftet ihm keine verfälschende Vorstellung an, wie es in früheren Kirchengemälden und -büchern oft geschah. Während dieser Periode wurden die Hymnen und Bilder dieses Buches durch meine Hand präcipitiert. Ich hielt mich während jener Zeit auf dem Land auf. Es ist nur in einsamer, freier Natur möglich, solche Kontakte zu erhalten. Und als ich dort in Wäldern und Feldern umherwanderte, war es, als ob ihre strahlenden Erscheinungen Erde und Himmel erfüllten und ihre Stimmen klanglos in mir sprächen. Obwohl ich sie nie wie ein Hellseher sah, fühlte ich sie doch so hochlebendig, daß ihre Gestalten mir so völlig vertraut wurden, daß ich schon vorher wußte, was Stift und Pinsel hervorbringen würden. Obwohl nichts ihren leuchtenden Glanz und ihre sie umgebenden unirdischen Farben und vor allem ihre Atmosphäre von strahlender Freude und schöpferischer Kraft darstellen könnte.

In unseren Tagen wird durch die Theosphische Bewegung die Uralte Esoterische Weisheit wieder im Abend-

DER LEHRER
sich in Deva-Gestalt zeigend

SONNEN-DEVA

FORMEN-BILDNER

DEVA DES ZEREMONIELLS

GÖTTLICHER MUSIKER

DEVA DES FEUERS

WÄCHTER DER HÖHEN

KOSMISCHER SENDBOTE

land bekanntgemacht, welche die Grund-Wahrheiten der antiken Mysterien-Religionen in sich faßt, deren exoterische Formen die heutigen Glaubensbekenntnisse sind. Die Theosophie lehrt, daß alles Lebendige die äußere Erscheinung eines geistigen „Wesens" ist. Dies gilt für das Universum selbst als das Gewand des Immanenten Gottes, für jede Sterngruppe, Milchstraße, für Sonnen und Planeten bis zum kleinen Geschöpf. Alle repräsentieren Göttliche Energie, das alldurchdringende Leben Gottes. Daraus folgt, daß die Sterne, die man meist nur für riesige Massen von dichtem Stoff oder Gasen hält, in Wirklichkeit die Ausdrucks-Vehikel mächtiger Intelligenzen sind, die sich – auf ihre Weise – entwickeln. Diese unzähligen Devascharen, die das Universum erfüllen, suchen alle, ihre Weisheit und Kraft zu vermehren, neue Erkenntnisse zu gewinnen und in immer intensiverem Maß die göttlichen Attribute zu demonstrieren. Sie können für unter ihnen stehende Wesen als schöpferische Sendboten des göttlichen Willens zu immer größerer Stärke und Ausdehnung auf jeder Ebene gelten.

Der mystische Dichter A. E. gibt ein wunderbares Bild des von diesen machtvollen Wesen in herrlicher Lebendigkeit beseelten Kosmos, wenn er in seinem Buch „The House of the Titans" sagt:

> „Die hohen Granden, die Erhabenen,
> die edelsten und prächtigsten Wesen des Kosmos –
> Fürsten von Sternen, Sonnen-Könige
> und Herrscher von Sternbildern und Milchstraßen."

Die Existenz dieser Hierarchie wurde stets in verschiedener Form von den religiösen Systemen anerkannt. In der vorchristlichen antiken Welt wurden die höheren Devas als „Götter" verehrt; und man prägte ihnen die guten und unguten Eigenschaften der eigenen Gattung auf. Das Christentum entlieh viel von der „Heidenwelt" und den

Hebräern, und aus den Devas wurden die Engelscharen. Die Größten wurden benannt: „Kräfte und Herrschaften, Throne, Äonen, Cherubim, Seraphim und Erz-Engel". Darauf folgen die übrigen Heerscharen des Himmels.

Die Römische und die Ost-Orthodoxe Kirche bewahrten sich noch einen lebendigen Glauben an ihre Existenz und rufen ihre Kräfte an. Doch die Reformierten Kirchen verloren fast jede echte Vorstellung von ihrem lebendigen Dasein, ihrer Helferkraft. Sie geben ihnen nur noch ein Lippenbekenntnis, das für Durchschnitts-Christen ohne wirkliche Bedeutung ist. Dies ist unheilvoll, denn sie handhaben gewaltige Energie und Intelligenz: und sie könnten – bei einem Wissen um sie – uns unter Leitung ihres Oberhauptes helfen, die Ziele des Himmels rascher auf Erden herbeizuführen. Es ist schwierig, weil wir so tief im Materialismus versanken, daß nur wenige Menschen körperlose Wesen wahrnehmen. Jedoch heutige Wissenschaftler beweisen schon mit Elektronen-Mikroskopen, daß vieles, was in einem sehr vitalen Sinn „real" ist, unseren Sinnen unsichtbar bleibt. Allerdings könnten die feinen Ätherstoffe, aus denen die Vehikel vieler Deva-Gattungen bestehen, auch nicht von noch empfindlicheren Instrumenten erfaßt werden.

Darum auch dieses: Selbst wenn es uns gelingt, auf höher entwickelten Planeten zu landen, wäre es sehr unwahrscheinlich, ihre Bewohner oder deren Wohnstätten zu sehen, wenn sie sich uns nicht absichtlich kenntlich machen – was, angesichts unserer noch primitiven moralischen Reife und der Gefahren, die wir in ihre Welten bringen würden, kaum anzunehmen ist.

Dieses Buch hat es nur mit den Devas unseres eigenen Sonnensystems zu tun, dessen Zentrum und König die erhabene Wesenheit des SONNEN-LOGOS ist. ER ist unser wahrer „Vater im Himmel". Dies wurde von den früheren sonnenanbetenden Religionen anerkannt. Aber während das Volk den Himmelskörper verehrte, kannten die initiierten

Priester den wahren HERRSCHER hinter der Sonne. Jedoch ist nicht zu vergessen, daß dieser Sonnen-Logos „Sein leuchtendes Haupt dem Willen eines Anderen neigt und sich als Teil eines mächtigeren Planes erkennt". So wie die Planetarischen Erz-Engel sich Ihm neigen. ER ist Empfänger von so viel herabgestrahlter Macht, Herrlichkeit und Göttlichkeit, wie ER verarbeiten kann.

Als seine helfenden Diener wirken die Devascharen – von machtvollen Intelligenzen bis zu winzigen Naturwesen – die alle ihre Rollen spielen in der Ausführung seines Willens für eine relative „Vollkommenheit". Ehe nicht alle „gerettet" sind, das heißt von der Illusion der Getrenntheit und der Knechtschaft der Unwissenheit befreit, kann ER selbst nicht in höhere Evolutions-Stufen übergehen.

Wir können hier die Analogie zwischen der Entwicklung eines so glorreich gewordenen Wesens und unserer eigenen erkennen. Es gibt nur e i n Leben und e i n Gesetz. Und sie rührt an ein – auch uns betreffendes – tiefes Kosmisches Mysterium: das des Opfers durch Übertragung von Kraft auf eine nächst-untere Ebene! Dies muß stets eine schwächende Selbstbeschränkung mit sich bringen, daher in einem esoterischen Sinn – Leiden. E i n hohes Symbol dieses Vorganges war der C h r i s t u s.

Die Devas sind überall die Erbauer des Universums und setzen in allen Organismen die pranischen Ausstrahlungen in den richtigen Umlauf. Sie bauen in Äther-, Astral- und Mentalmaterie, wobei alles nach dem Hierarchischen Plan geordnet ist, so daß es Erzengel-Flammenherren u n d Feuer-Naturgeister gibt, ebenso wie in Luft, Wasser und Erde. Die Elemente haben Entsprechungen zu menschlichen Gefühlen, zu Verstand und Geist. Die Naturgeister gehorchen den Impulsen ihrer Engel-Oberen. Auch ihre Existenz lebt jetzt nur im Glauben primitiver Völker und in Volksmärchen – als Gnomen in der Erde, Elfen, Feen und Undinen in Bergen, Wäldern und Flüssen. Da sie noch nicht „individualisiert" sind, erscheinen sie quasi „amoralisch" und gehorchen allen

Rufen, die sie zur Tätigkeit anspornen. Viele Menschen, besonders Künstler, tun das ganz unbewußt, indem sie mittels dieser Wesen manche unbegreiflichen Fähigkeiten handhaben. Diese Naturwesen scharen sich einfach durch magnetische Anziehung um jeden, der ihre Note erklingen läßt. Interessant ist, daß in vielen Volkssagen die Fee einen Menschen zu „heiraten" sucht, in dem Bestreben, dadurch das Menschenreich zu betreten und so „eine Seele zu gewinnen".

Die höheren Devas antworten natürlich nur auf Schwingungen der Liebe und arbeiten nur mit denen, die göttliche Gesetze zu verwirklichen suchen. Aber die unteren können auch von Praktikern der schwarzen Magie befehligt werden, welche wissen, wie die Devatätigkeiten durch Willenskraft und Kenntnis ihrer Eigenheiten zu lenken sind.

Die Fähigkeit, mit höheren Devas Verbindung aufzunehmen, ist die Grundlage der Weißen Magie. Klang, Duft, Farbe und Geste wecken gewisse Vibrationen auf feineren Ebenen; und bei Kenntnis der Entsprechungen kann das zur Anziehung spezifischer Devas benutzt werden. Davon stammt die ganze Kunst des Zeremoniells (aber auch in dessen „schwarzen" Formen).

Viele Sagen über die Tätigkeiten der „Götter" und viele Feengeschichten gingen wohl aus den Versuchen hervor, durch Parabeln und Bilder gewisse Wahrheiten in die unwissenden Massen einfließen zu lassen; sie sind für Wissende voll Symbolismus.

Durchaus wahrscheinlich ist folgendes: Wenn zerstörerische, von der Menschheit erzeugte Strömungen ihrer Gefühlsenergie mächtig genug werden, können sie dahin wirken, das entsprechende Naturgeistleben zu so heftiger Aktivität anzufeuern, daß vernichtende Orkane, Erdbeben etc. die Folge sind. Denn wir sind eins mit unserer Erde, auf jeder Ebene.

Was die „Bilder" von den Devas betrifft: Ein Psychiker sieht höhere oder niedere Devas – je nach Stufe, Tradition und Heimat – in *seinem* Vorstellungsrahmen. Er prägt dem von einem immateriellen Wesen empfangenen Eindruck die ihm gemäßen Bilder auf. Oder dieses gibt sich selbst eine dem menschlichen Seher vertraute Form. So werden indische Devas nach deren Glaubensbegriffen mit typisch-indischen Gesichtern dargestellt. Die Hellenen vermenschlichten ihre „Götter" und gaben ihnen vollkommene Menschenkörper und Wesenszüge. Ebenso die alten Germanen. In der westlichen Welt haben Engel jetzt Flügel, und Gnomen oder Elfen werden in verkleideter Menschengestalt gezeichnet. Ein Mensch kann den ihm vertrauten Formen nicht entrinnen und sie höchstens abändern. Zweifellos erscheinen die Devas sich selber und einander völlig verschieden von allem uns Denkbaren und besitzen *an sich* nicht menschliche Gestalt. Warum sollten sie auch? Als Zentren von Energie manifestieren sie sich als wirbelnde Kugeln von Licht, Farbe und Klang. Diese sind vieldimensional und ändern sich mit jedem Impuls. Auch liegen ihre Farben und Klänge meist jenseits der menschlichen Sinnesgrenzen.

Warum erscheinen sie dann in diesem Buch mit menschlichen Gesichtern und Händen? Die Antwort: Wie könnten wir *sonst* irgendwelche Begriffe von ihnen bekommen? Wenn es möglich wäre, sie so zu malen, wie sie sind, würde es dem Beschauer keinen Eindruck vermitteln. Darum wurden gewisse Teile der menschlichen Gestalt benutzt, um die Kräfte und Attribute der betreffenden Devas symbolisch zu übermitteln.

Nun, die Mittel zum Ausdruck von Kraft in unseren Körpern sind hauptsächlich das Auge, der Mund und die Hand. Das heißt: Sehvermögen, Sprache und Schaffensfähigkeit. Daher zeigten sie sich so, als ob sie menschliche Augen in einem idealisierten Antlitz hätten – mit zuweilen auch menschlichen Händen. Es ist aber auch bemerkenswert, daß das Herz-Chakra immer als ein aktives Agens von Licht und Kraft erscheint, weil es der Sitz der GÖTTLICHEN LIEBE ist und folglich der LEBENS-KRAFT selbst.

Von diesem Zentrum strahlen Ströme von Licht und Energie in ihre Umgebung. Das Aussehen einiger Devas kann uns bestürzend oder fremdartig vorkommen. Doch das soll gerade den Eindruck d e s spezifischen Kraft-Aspektes verschaffen, welchen solche Deva-Gruppen verwalten.

Was nun das Bildnis des hohen Lehrers betrifft, bin ich gefragt worden, warum die Augen niedergesenkt sind oder geschlossen zu sein scheinen. Und ich bin zu dem folgenden Schluß gekommen: Weil dieses Buch in die Öffentlichkeit hinausgehen soll, könnten gewisse Leute, die mehr Begeisterung als Verständnis besitzen, versuchen, das Bild für Meditationszwecke zu benutzen — bevor sie spirituell bereit und fähig sind, direkten Kontakt mit dem Lehrer aufzunehmen. Wie schon im Zusammenhang mit den Devas ausgeführt, sind die Augen sehr bedeutende Mittel für das Hinausprojizieren von Kraft. Wie der Hypnotismus bewiesen hat, wenn er also längere Zeit direkt in die Augen eines solchen Porträts starren würde, könnte der Aspirant einen selbst-hypnotischen Zustand in sich herbeiführen oder aus solcher Kontemplation einen stärkeren geistigen Anprall erhalten, als es für ihn gesichert oder wünschenswert wäre.

Aber es ist noch eine andere Möglichkeit da. Es gibt ein uraltes Axiom: „Wenn der Schüler bereit ist, erscheint der Meister". Für die jedoch, welche — unvorbereitet — durch übersteigerte Hingabe, durch Willensausübung oder unter dem Drängen dessen, was einfach geistiger Ehrgeiz ist, versuchen, direkten Kontakt mit einem hohen Lehrer auf den Inneren Ebenen zu erlangen, kann die Anstrengung nicht nur vergeblich, sondern äußerst gefährlich sein! Dies ist besonders der Fall, wenn die Motive nicht absolut rein sind, und wenn sie eher aus dem emotionellen Bereich kommen als aus der mentalen Unterscheidungsfähigkeit. Denn oft kann das, was dem Aspiratnen als reine Hingebung scheint, leicht von weniger edlen Eigenschaften gefärbt sein.

Anstrengungen solcher Art, die von falschen Motiven ihren Impuls erhalten, können leicht ein auf den Astralregionen umherwanderndes böses oder törichtes Wesen anziehen, das sich dann als ein hoher Lehrer oder sogar ein „Meister der Weisheit" maskieren wird, indem es tatsächlich für hellsichtige Menschen dessen echt scheinende Gestalt annimmt. Denn man weiß, daß die Astral-Ebene – die nach unserem Wissen eine Region der Täuschung ist, ebenso wie die physische – sehr viele Gedankenformen von „Meistern" enthält, welche nichts anderes sind als bloße Gehäuse, die von dem blind-leidenschaftlichen Wunsch ihrer Verehrer geschaffen wurden. Diese können nun von einem tiefstehenden Wesen verwendet und belebt werden – was damit endet, daß der unglücklich Getäuschte, wie von einem Irrlicht, noch tiefer in den „Schlamm" geführt wird.

Zur Entstehung des Buches noch folgendes: Wenn gewisse Wesenszüge einen Aspiranten zu einem bestimmten Werk befähigen, kann von einem MEISTER irgendwie ein Kontakt hergestellt werden – ohne daß der Aspirant sehr hochentwickelt sein muß. In solchen Fällen werden auch in früheren Leben erfüllte Aufgaben und schon gewonnene spirituelle Kontakte berücksichtigt (außerhalb der direkten „Schülerschaft"). Sicher ist: Die MEISTER-Verbindung muß von dem Großen L E H R E R selbst in der rechten Weise eingeleitet werden. Jeder Druck oder Zwang, jeder Appell an Ehrgeizgefühle muß sofort als äußerst verdächtig gelten! Denn dies ist nicht das Verfahren der Lehrer des Weißen Pfades.

Jedoch, wenn jemand w i r k l i c h wünscht, die große Anstrengung zur Hilfe der Menschheit zu fördern, welche unaufhörlich von den Spirituellen Ebenen her unternommen wird, so gibt es e i n e n sicheren Weg! Er besteht darin, d o r t z u d i e n e n, w o e r s c h o n s t e h t und alle Mittel zur Erweiterung der Kanäle zwischen Persönlichkeit und Ego zu gebrauchen. Denn diese bilden den Zugang in die Bereiche, wo die Großen Lehrer allezeit jenen Augenblick erwarten, an dem d e r Ton erklingt, welcher kündet, daß unter Millionen von Menschen wiederum ein Aspirant bereit ist, „in den S t r o m e i n z u t r e t e n".

In unseren Tagen ist ein Wiederaufleben von Interesse an immateriellen Wesen zu bemerken. In vielen Berichten erklären nicht-hellsichtige Menschen, mächtige Gestalten in der Luft wahrzunehmen. Auch „Fliegende Untertassen" werden von vielen intelligenten Leuten als real angenommen. Daß diese wahrscheinlich nur materialisierte Gebilde sind – von Wesen geschaffen, die uns zeigen wollen, daß wir nicht allein in unserem System, geschweige denn im Universum sind und überhaupt keine p h y s i s c h e n Raumschiffe – scheint kaum jemandem einzufallen. Die Öffentlichkeit hält zunehmend außerirdische Wesen für möglich, auch auf Grund der Raumforschung und astronomischer Feststellungen, daß viele andere Sonnen bewohnte Planeten haben können. Diese überall vorhandene Bewegung zu einem Bewußtwerden auch der Devareiche stammt offenbar aus einem Versuch der Großen Menschheits-Lehrer, uns für die Wichtigkeit eines Zusammenwirkens mit dieser herrlichen Hierarchie zu erwecken, deren Glieder unsere Anerkennung erwarten, u m zu größerem Menschheitsdienst imstande zu sein. Dies wird auch einen Teil der Einführung des Neuen Zeitalters bilden und ebenso das Einströmen neuer Energien fördern, das zum Ende dieses Jahrhunderts zur Vorbereitung der Menschheit für ein neues Ergießen des CHRISTUS-Geistes auf Erden prophezeit wird.

Bisher haben viele solcher Erleuchtungsblitze aus jenen Bereichen uns nur unbewußt erreicht, wie manchmal beim Erwachen oder bei dringenden Problemen. Doch in der Zukunft wird Inspiration mit Wissen und Willen beschworen – auf ganz neue Arten und mit ganz neuem Verständnis der Vorgänger. Es ist auch bezeichnend, daß viele Wissenschaftler voll großer Skepsis sich jetzt, wenn auch fast widerwillig, den noch unentwickelten, unerforschten Kräftepotenzen im Menschen zuwenden, wie der „Übersinnlichen

Wahrnehmung" in ihren zahlreichen Formen. Die Religion des Neuen Zeitalters wird wahrscheinlich eher aus wissenschaftlichen Entdeckungen als aus den Kirchen hervorgehen. Denn solche Entdeckungen werden als Instrumente dienen, um die kristallisierte Schale von falschen Dogmen und primitiven Glaubenssätzen aufzubrechen, die bisher jede organisierte Religion schwer schädigten. Dies geschieht bereits mit einem überraschenden Schwung, wie die von Bischöfen, Priestern und Laien stammende kritische Bücher-Flut anzeigt, welche verzweifelt die Religions-Reform fordert, zum Zweck der Regeneration der Menschheit.

In der folgenden Ansprache des Lehrers hat Er Selbst sich über viele der hier berührten Themen geäußert; und in den „Hymnen" haben die betreffenden hohen Devas durch s e i n e Vermittlung ihre Natur, ihre Tätigkeiten und ihre Ziele geschildert. Aber es kann nicht oft und intensiv genug betont werden, daß keine Worte in einer menschlichen Sprache die innere Bedeutung ihres machtvollen Wirkens ausdrücken können, welches wegen der menschlichen Beschränkungen nur erst in tiefer Verschleierung sichtbar wird. Jedoch der intuitive Leser gewinnt – bei hingebungsvollem Studium – in diesem unschätzbaren Buch einen schimmernden Blick davon – welcher ihm Einsicht in jene wunderbaren Kräfte gewähren kann, die jetzt mächtig bestrebt sind, das anscheinende Chaos unserer Zeit für konstruktive Ziele anzuwenden; und diese sogar unsere Verwirrung und Verzweiflung für die Förderung des G Ö T T L I C H E N P L A N E S benutzen.

DER LEHRER SPRICHT

„Der, welcher sich von der Existenz der „Leuchtenden" – Engel, Devas, Gottheiten, nenne sie, wie du magst – zu überzeugen sucht, der, welcher die holde Schönheit ihrer Stimmen hören und ihre lichten Gestalten sehen möchte, die sich bei ihrem zugewiesenen Wirken in voller Harmonie mit dem Willen bewegen, der sie und alle Dinge ins Leben rief der, welcher ihre Daseinsgesetze begreifen und an ihren hohen Tätigkeiten mitwirken will, muß lernen, sein Bewußtsein über die widerstreitenden Formen mit ihrer illusorischen Beständigkeit zu erheben, die den Bewohner der Sinneswelt peinigen. Er suche jene Sphäre, wo Licht und Klang, in unendlich wechselnden Spielarten, wie an der Oberfläche eines mittagsstillen Teiches das makellose Urbild der Göttlichen Ideenbildung widerspiegeln.

„Hier wird er, unbedrängt von den launischen Winden der Gefühle, das wahrnehmen, was denen verborgen bleibt, die bisher nicht danach fragen, was ist, was war und was sein wird. Hier wird er lernen, Gesetze zu begreifen, die nur denen enthüllt werden, welche, da sie die Wahrheit über allem ersehnen, ihre Energien einzielig auf deren Erforschung konzentrieren und willens sind, für diesen Zweck den Verlust aller Dinge zu riskieren, die der Welt am teuersten sind.

„Jedoch ihr, die ihr helle Einsicht, hohe Vision und klares Wissen sucht, glaubt nicht, daß dies leicht – oder in einem Leben – gewonnen werden kann. Lang und schwierig ist der Pfad, doch er muß betreten werden, nicht von wenigen nur, sondern von der Mehrzahl der Menschen, wenn die Menschheit jene erhabenen Höhen erreichen will, nach denen der Mensch in seinen edelsten Augenblicken emporstrebt.

„Das Zeitalter einer solchen vollendeten Menschheit ist noch unfaßbar fern. Aber es wird kommen; und es ist an euch, ihr Kinder der jetzigen Übergangs-Epoche, wiederum die Tore zum Tempel der Wahrheit aufzustoßen, die der Materialismus vergangener Jahrhunderte streng verschlossen hielt, und die ersten Schritte zu dem dort eingeschlossenen LICHT zu unternehmen, jenem LICHT, das denen, die ihm zu nahen wagen, offenbaren wird, wie die Verbindung von Menschen und Devas, ohne die eine tiefere Enthüllung der Natur-Gesetze unmöglich ist, rascher herbeigeführt werden kann.

„Aber zuvor ist es wesentlich, daß der Mensch die Existenz der Deva-Hierarchie anerkennt, jener Wesen, die wahrlich alle Energien und jedes Element personifizieren. Denn das Leben, in seiner Gesamtheit, ist Deva-Essenz. Der Mensch lebt unablässig in ihrer Strahlung, obwohl er es nicht weiß. Sein Werk in kommenden Jahrhunderten wird sein, zu entdecken, wie er bewußt, in wissendem Verständnis, mit ihnen leben kann.

„Einst, vor langer Zeit, lebten Menschen und Devas in Einigkeit miteinander, aber die Erinnerung daran ist von den Nebeln der Legenden verdunkelt und klingt nur noch in Mythen und Märchen nach.

„So wie das Deva-Reich jahrhundertelang den Menschen unsichtbar, ja unbekannt blieb, haben auch die Devas den einzelnen Menschen nicht beachtet – sie „sahen" ihn nur als eine Wolke aus Dämmerlicht, als eine aufflammende Melodie, eine harmonische oder disharmonische Schwingung. (Außer den Wissenderen, die für die physische Welt hellsichtig wurden, so wie manche Menschen für die Astralebene.)

„Denn ihnen ist alles Schwingung. Sie ist ihre Sprache, ihr Schlüsselton der Offenbarung. Sie leben in einem Reich von ekstatischer Schönheit und Liebe, in einer Region von

Musik, sichtbar in schimmernden, flüchtigen Formen, in einer Welt von Farben, hörbar in Wellen köstlichsten Klanges, in einem Kraftfeld wirbelnder Atome, die sich unaufhörlich wandeln, verschmelzen und trennen, den Antrieben der Schöpfer-Energie gehorsam, für deren Ausdruck allein die Devas leben.

„Darum: Nur, wenn der Mensch seine Schöpferkraft zu offenbaren sucht, wenn er durch Willensanstrengung oder die Macht der Liebe einen starken Wunsch ertönen läßt, etwas zu erbauen, bemerken sie ihn. Dann werden die Devas, die auf seine erklungene Grundnote gestimmt sind, unwiderstehlich zu ihm gezogen und bleiben in seinem Energiewirbel gebannt, indem sie fortwährend ihre vitalisierende Kraft auf ihm spielen lassen – bis jener Impuls dahinwelkt oder das Werk vollendet ist.

„Daraus folgt, daß es am Menschen liegt, sich bewußt den Devas zu nähern, wenn er behilflich sein will, diesen neuen Kontakt zwischen beiden Reichen herbeizuführen, und mit dem göttlichen Plan für die kommende Rasse arbeiten möchte.

„Denn zu Beginn jedes neuen Zeitalters in der Menschheitsgeschichte führen die Mächtigen, welche in den Inneren Welten regieren, eine spezielle Entwicklungslinie ein, wodurch allen Menschen Einblicke in noch ungeoffenbarte Aspekte der Einen Wahrheit gewährt werden. Zu diesem Zweck werden in mächtiger Fülle neue spirituelle Energien ausgeströmt, um die höheren Vehikel der Empfänglichen anzufeuern; und so werden in dieser Zeit unter dem GEWALTIGEN, unserem HERRN, dem MAHACHOHAN, welcher in seiner herrlichen Weisheit die kulturelle Entwicklung der Erde lenkt, schon neue Initiationen vorbereitet. Die, welche solche Einweihungen auf sich nehmen können, werden speziell die Augen der Menschen für die Wunder des Devareiches zu öffnen und die Zusammenarbeit zwischen beiden zu beschleunigen haben. Denn in dem Maß, wie die Menschen zunehmen, welche die „Götter“-

Sprache sprechen lernen, werden viele Devas durch solche Menschen ein klareres Verständnis von der im dichten Stoff ringenden Menschen-Natur gewinnen. Und das wird es ihnen ermöglichen, einen immer intensiveren, aktiveren Anteil am Ringen des Menschen mit seinen stets widerstrebenden Körpern zu nehmen und ihm in allen Tätigkeiten zu helfen. Viele werden sogar – auf Grund inniger Sympathie, die sich zwischen Gliedern der beiden Reiche entwickeln wird – in das Menschenreich übergehen, was in der Vergangenheit nur selten geschah.

„Obwohl die Neue Rasse noch in der Planung steht, sind schon mächtige Kraft-Wogen, speziell aus dem Wassermann-Zeichen, das einen bedeutenden Einfluß auf den neuen Rassentypus haben wird, gelöst worden, um auf die Erde einzuwirken. Die Folge dieses wunderbaren Einströmens wird sich immer deutlicher zeigen, wenn bald neue, auf diese Schwingungen abgestimmte Generationen geboren werden. Mit dieser erneuernden Kraft, die jeden Teil der Menschennatur beeinflussen wird – sogar das Zusammenwirken seiner Chakras abändernd – werden Scharen von Wassermann-Devas erscheinen. Denn jede Deva-Gattung ist mit einem Kraft-Typus aus den Zodiak-Zeichen verbunden. Diese Devas und viele andere aus dem Schützen und andere Zeichen sind eng mit dem Erbauen und Ausrüsten der künftigen Rassenzweige verknüpft. Sie werden die Sendboten sein und in Geist und Herz der Menschen seltsame Gedanken, Hoffnungen und Träume einfluten lassen.

„Ihr Werk ist schon erkennbar. Das Suchen nach neuen Ausdrucksformen in Kunst und Leben, Entdeckungen in wissenschaftlichen und psychologischen Feldern, das Bemühen, den Schleier von den Unsichtbaren Welten zu heben und Wissen durch vierdimensionale Schau zu erlangen – dies ist alles irdische Widerspiegelung von den Tätigkeiten dieser „Gestalter des Neuen Zeitalters" auf den Inneren Ebenen, die unablässig den menschlichen Geist anfeuern, neue Fähigkeiten zu erwerben. Und s i e sollen diese in ihm entwickeln.

,,Während der ganzen Menschheits-Evolution war solche Arbeit im Gang, aber jeder neue Zyklus erfordert neue Methoden; und nur durch völlige Umstellung seiner Weltanschauung kann der moderne Mensch diese Veränderungen herbeiführen, die ihm s o v i e l bedeuten werden!

,,In unserer Zeit suchen die Seher und Mystiker – dem Einfluß der Devas aus dem Fische-Zeichen folgend, das die Welt jahrhundertelang beherrschte – noch durch religiöse Hingabe oder Willenskraft den Verstand zu zügeln und inneren Stimmen zu lauschen. Jedoch das Fische-Zeitalter vergeht. Seine Devas werden bereits angesichts des Einbruchs jener neuen Kräfte zurückgenommen; und der auf diesen anrollenden Wogen Kosmischer Energie vorwärtsgetriebene Mensch wird zusehens positiver. Er fordert sich überall aktive Geschwindigkeit und Leistungsfähigkeit ab. Nicht mehr zufrieden, Traditionen und Verkündigungen anderer zu lauschen, will er experimentieren, um s e l b s t zu wissen. Darum werden die, welche die Seher und geistigen Führer dieser kommenden Rasse werden wollen, unweigerlich lernen müssen, wie sie durch Verständnis und Disziplin zum Teilhaben am Wirken jener Naturgesetze gelangen, die ein engerer Kontakt mit der Deva-Hierarchie denen allmählich enthüllen wird, die willig ihre Mysterien studieren.

,,Denn der Mensch steht auf der Schwelle zu Entdeckungen, Offenbarungen und Kräften, wie sie seit Atlantis nicht mehr bekannt waren. Und hierin liegt seine Gefahr! Wenn er dieses Mal nicht moralisch stark genug ist, um diese Kräfte zu kontrollieren und nicht jene spirituelle Haltung entwickelt, die für alle, welche große Macht handhaben, wesentlich ist, wird er wieder zerschmettert werden. Wieder würde er von den zu seinen Wohltätern bestimmten Gewalten der Vernichtung zugetrieben.

,,Vor dieser grimmigen Furcht seiner hochmütigen Unwissenheit suchen w i r ihn zu schützen; und darum will ich einige der Schwierigkeiten bezeichnen, die klar erkannt werden müssen, wenn der Mensch lernen will, gefahrlos mit den Devas Fühlung aufzunehmen.

„Denn nochmals b e t o n e ich, daß die Devas auf d i e schöpferische Schwingung reagieren, die ein Mensch aussendet: auf die des Willens oder der Liebe oder jeder Tätigkeit, die er auf der Äolsharfe der Inneren Welten ertönen läßt. Je nach seinen Motiven wirkt seine Note sich dort aus, in Harmonie oder Mißklang, in Fluten köstlicher Farben oder von den dunklen Tönungen seiner eigenen Aura übergossen. Und dieser Note wird der Deva-Typ entsprechen, den er anzieht.

„Hier liegt der Schlüssel zu den Gefahren, die diese Verbindung der Menschen- und Deva-Linien begleiten. Denn obwohl die beiden im Endziel e i n e r Bestimmung zustreben, sind ihre Naturen gänzlich ungleich. Die Devas besitzen nicht, wie der Mensch, einen Sinn moralischer Unterscheidungen zwischen Recht und Unrecht. Darum können die, welche noch auf den unteren Äther- und Astralebenen wirken, auf Grund ihrer Deva-Natur, worin die Begriffe von „Irrtum“ oder „Fehler“ und deren Folgen nicht bestehen, vom Menschen für Gutes u n d Böses benutzt werden.

„Nur jene, die ein tiefes Verständnis von den Ur-Gesetzen des KOSMOS haben, können daher die Devas ohne Gefahr anrufen. Denn wenn jemand noch kein starkes Maß von Beherrschung seiner Astral- und Mentalkörper erworben hat, wird er unter der ungeheuren Kraftergießung, die seine Beschwörung auf ihn zieht, leicht überwältigt und auch oft dem zugetrieben, was unwissende Menschen Wahnsinn nennen.

„Dies ist eine häufige Ursache der Tragödie so vieler sensitiver und begabter Menschen, die einige Kräfte des Genies besitzen, nicht aber dessen höhere Attribute.

„Mit mächtigem, einzieligem Willen beschwört so ein Mensch die schöpferischen Energien. Die Devas stürmen herbei. Er öffnet sich ihnen unterschiedslos – den niedersten wie den höchsten – weil er sie nicht auseinanderzuhalten versteht. Für eine Weile sieht er mit Deva-Augen, hört durch ihre unsterblichen Ohren, nimmt etwas von ihrem Wissen auf und vergißt all die Beschränkungen der Zeit und der herkömmlichen menschlichen Gesetze. Aber wenn der Impuls nachläßt und die devischen Kräfte entweichen, bleibt er als eine mental und seelisch verlassene, leere Schale zurück, wenn auch noch im Besitz eines Restes der schöpferischen Energie, zu der er keine Beziehung hat.

„Jemand, der sich, wenn auch unbewußt, in Selbstbemeisterung geschult hat, würde instinktiv wissen, wie er diesen Kräfte-Überschuß aus dem Solar-Plexus, durch den die meiste Deva-Energie fließt, zu den höheren Chakras emporleiten kann. Doch der Unwissende läßt hilflos diese Kräfte seine unteren Chakras überfluten, wodurch schreckliche seelische Gleichgewichtserschütterung und oft heftige sexuelle Störung entsteht.

„ Dieser Menschentyp lebt stets in einer Welt von Extremen, aus plötzlicher Verzückung in Elend und Verzweiflung stürzend. Wenn er schwach von Natur ist, beginnt er dann oft, da er sich von den anfeuernden, wonnespendenden Einflüssen verlassen fühlt, jene niedersten Naturgeistwesen anzurufen, die in den höheren Chakras nicht wirken können und wird leicht von ihnen zu Ausschweifung und Erniedrigung getrieben.

„ E b e n s o sei jeder gewarnt, die Devas für egoistische oder zerstörende Zwecke zu benutzen. Das Ergebnis wird schließlich Unheil sein. Denn die Note, welche er anschlägt, ist falsch, weil sie eine Dissonanz zu der Note des Göttlichen Willens schafft. Auf diesem Mißklang wird die Deva-Essenz mit immer stärkerer Triebkraft vibrieren, bis der Mensch sie nicht mehr meistern kann. Allmählich wird die zunehmende fremde Schwingung seine Körper zersetzen, so daß sie schließlich durch Paralyse, Schlaganfälle oder den langsameren Prozeß eines krebsartigen Leidens zerstört werden.

„Ich sage: Schließlich! Es muß nicht im gleichen Leben geschehen. Ihr sollt wissen, daß die Menschen, die in Atlantis und später solchen bösen Handel mit den Devas getrieben haben, sich mit dem von ihnen geschaffenen, noch in ihnen weiter tönenden Mißklang neu inkarnieren müssen. Dieser vibriert beständig auf ihre Äther-Materie und verursacht große Anfälligkeit, Krankheit oder Tod – je nach seiner Stärke und ihrer eigenen Schwäche. Endlich einmal muß dieser Mißklang vom Menschen selbst durch Liebe und Dienst in Harmonie umgewandelt werden; und er ist erst dann zum „Geheiltwerden" reif, wenn seine Note wieder im Rhythmus der ALLS erklingt.

„Jedoch nicht nur in der Vergangenheit sind diese Naturkräfte zu schädlichem Mißbrauch verfälscht worden. Auch jetzt noch werden in manchen indischen Kulten und in den verderbten Riten von Wilden-Stämmen, die halbvergessene Mysterienbruchstücke zurückbehielten, niedere Naturgeistwesen durch rhythmischen Trommelschlag und die schrillen, monotonen Klänge primitiver Instrumente aktiviert.

„Doch viel schlimmer noch ist ihre Beschwörung durch Riten und geheime Magie gewisser religiöser Sekten, die mittels Deva-Energie ihre Anhänger willentlich zu versklaven suchen, indem sie sich deren unbeherrschter Gefühle und unwissender Ängste bedienen. Solche „Priester" werden furchtbar und rasch Vergeltung erfahren, wenn die Stunde für die neue Ausgießung der Göttlichen L i e b e schlägt, um die Welt mit L i c h t zu überfluten und erblindete Augen zu öffnen.

„Jedoch nur die unteren Devas können so für persönliche Zwecke benutzt werden. Die Höherstehenden, welche auf ihrer Linie so weit gestiegen sind wie die Schüler der MEISTER auf Erden, würden niemals auf eine Schwingung reagieren, die nicht von reiner Liebe und dem Wunsch, den Göttlichen Zielen zu dienen, beseelt ist. Auch würde ihre Note sich nie einem schwarzmagisch-Arbeitenden enthüllen, da die Geheimnisse nur denen, die Deva-Initiationen empfangen haben, entschleiert werden; und diese können nur dann auf den Inneren Ebenen stattfinden, wenn der betreffende Mensch zum Dienen und zu williger, unpersönlicher Mitarbeit bereit ist — niemals vorher.

„Darum sage ich euch nochmals: Niemand suche diese Berührungen, ehe er sich dafür geeignet erwiesen hat! Ich mag scheinbar diese spezielle Warnung zu beharrlich wiederholen, jedoch ich weiß genau, wie geneigt die Menschen sind, jeden Wahrheitsaspekt, den sie nicht annehmen möchten, weil ein verborgener Wesensteil in ihrer Person dagegen rebelliert, nicht zu beachten oder gleich zu vergessen. Doch diese Tatsache kann nicht ungestraft ignoriert werden, und allein deshalb betone ich sie so stark — so wie es auch die höheren Devas selber tun.

„Seid deshalb meiner Worte eingedenk und meditiert darüber:

„Okkultes Verständnis und Beherrschung der Körper ist der Weg. Liebe und Dienst ist die Brücke, welche über den die beiden Reiche noch trennenden Abgrund führt.

„Denn Liebe ist die Schwingung, worauf die ganze Natur reagiert, sie ist die Schlüsselnote der Schöpfung. Auf jede Ausströmung von selbstloser Liebe antworten höhere Devas freudenvoll, sie treten in den liebenden Menschen ein und verstärken seine Liebeskraft durch die ihre. Alle Menschen können *so* diese Boten der göttlichen erneuernden Kraft in Sicherheit anrufen und verehren. Kein Schaden kann den treffen, welcher strebt, den vollkommenen Rhythmus in sich zu finden und verlangt, sich in Anbetung und Dienst zu verströmen. Denn dann berührt er die höheren Devas durch den Gott in seinem eigenen Herzen, welcher nicht anders kann als ihre Note rechtmäßig erklingen zu lassen, da er, als ein anderer Funke aus der *einen Flamme*, eins mit ihnen ist.

„Darum: Der Mensch, der einen glühenden Wunsch in sich fühlt, von nun an für dieses glorreiche Ziel der Vereinigung zwischen Menschen und Devas zu arbeiten, gehe vorwärts, indem er nichts fürchtet, jedoch sich völlig der großen Bedeutung seiner Aufgabe bewußt ist!

„Zuerst vor allem – oft der schwierigste Schritt – muß er sich selbst gegenübertreten. Er muß den Menschen, der er ist, erkennen lernen und genau sehen, ob er wirklich bereit ist, dieses Werk zu unternehmen, das spezifische Qualitäten von Verstand, Körper und Geist erfordert.

„Zu diesem Zweck würde er gut tun, jenes Abbild seines von ihm in den vergangenen Leben erschaffenen wahren Ichs zu beobachten, das immer durch die Stellung der Planeten und die Konjunktionen der Himmelskörper bei seiner Geburt sichtbar wird. Wenn er bei richtigem Studium ihrer rätselhaften Symbole sieht, daß er noch nicht für dieses Werk geeignet ist, soll er nicht verzweifeln. Er besitzt ja die Kraft, sich durch Meditation und unaufhörliches Streben nach spirituellem Wachstum jetzt schon die Körper zu erbauen, die ihn in seiner nächsten Verkörperung instandsetzen werden, alles Ersehnte zu vollbringen.

„Aber wenn die Sterne ihm schon für dieses Leben den Weg zum Erfolg weisen, muß er seine Schulung damit beginnen, jedes selbstsüchtige Begehren nach Sinnesgegenständen zu zügeln.

„Er muß echt nach Wahrheit, Wissen und Weisheit verlangen – nicht für sich, sondern damit er alles seinen Mitmenschen zu Füßen legen kann. Er muß Gelassenheit gegen Unheil, Fehlschlag, ja selbst gegen den Tod lernen. Er muß willens sein, sich von dem Gruppenbewußtsein der „Großen Masse“ abzulösen und mit kühnem Mut auf seinem erwählten Pfad stehen, stets zu handeln bereit, und, wenn sein Handeln irrig war, den Preis zu zahlen. Er muß Jahre anstrengender Schulung daran wenden, so wie ein Athlet sich für ein großes Rennen vorbereitet.

„Er muß unendliche Geduld haben, indem er auch niemals jene psychischen Kräfte, die schlafend in jedem

Menschen liegen, vor ihrer Zeit aufzuwecken sucht. Denn diese können nicht gefahrlos zur Tätigkeit angeschürt werden, ehe der Mensch stark genug ist, um die Verantwortung zu tragen, die ihr Erwachen zur Folge hat. Er muß lernen, nachdem er die Gefühle zur Ruhe gebracht, persönliche Wünsche und den Ehrgeiz ertötet hat, auf jener Bewußtseins-Ebene zu wirken, wo die W a h r h e i t selbst zu erfassen ist, auf der Ebene der Intuition, wo die Seele ihren Göttlichen Ursprung berühren kann.

„Dann werden die Geister der Luft, des Feuers, des Wassers und der Erde ihm weit die Tore ihrer Reiche öffnen.

„Gehet also, ihr alle, deren Augen schon diesem Ziel zugewendet sind, suchet nun euer Bewußtsein in das strahlende Herz jener Bruderschaft zu erheben, deren Glieder in ihrem Entwicklungsverlauf die Boten der Adepten geworden sind und gelernt haben, den Menschen durch die Geister jener „Vollendeten" zu begreifen, welche nur dafür leben, seine Nöte zu mildern.

„Manche der Deva-Boten sind aufgefordert worden, mit euch Fühlung aufzunehmen und in diesem Werk, wofür ihr vorbereitet wurdet, mit euch zusammenzuwirken.

„Stimmt euch daher auf ihre Note ein, haltet euer Bewußtsein klar wie einen reinen Kristall, unbewölkt von allen Nebeln persönlichen Fühlens und Wünschens!

„Schweiget! Lauschet! Dann werden sie nahen, dann werden sie sprechen. Sie werden sich mit euch verbinden; und durch euch werden sie dem Ruf antworten, den die Menschheit in ihrer gegenwärtigen Not sehnend hinausgesendet hat."

EIN SONNEN-DEVA

Ich bin ein Strahl aus unserem HERRN,
dem L O G O S – L I C H T der S o n n e .
E R ist das schöpferische Feuer.
E R ist eins mit dem geheimen W O R T,
welches, den KOSMOS durchdringend,
sich in den mächtigen Erbauern offenbart,
deren Spiegelbild ich bin.

Ich bin ein M i t t l e r .
Durch mich pulsiert in Ewigkeit
in meinen unzähligen Formen
die drängende Macht, welche LEBEN heißt.

Ich bin ein Widerhall,
in mir erklingt der Schöpfungston,
der die glänzenden Kraft-Atome erweckt –
der sie wirbelt und vorwärtstreibt
in den mystischen Tanz,
aus dem ein Planet erwächst,
ein Stern, ein Mensch –
ein Klumpen Gold oder Erde.

Ich bin auch ein Zerstörer.
Wenn die Note sich ändert,
ziehe ich mich in den inneren Kraftquell
meines Wesens zurück.
Langsam ermattet der Rhythmus.
Die Atome fallen auseinander.
Die Impulse wandern in eine andere Matrix.

Eine Form ist vergangen –
eine neue wird geboren.

Ich bin ohne Grenzen,
denn ich virbriere nach dem Herzschlag
DESSEN, DAS ohne Begrenzung ist.
Ich gehorche.
Ich erbebe vor der Seligkeit DESSEN,
DAS in vollkommener Harmonie
– durch meinen HERRN, den Vorborgenen,
den geheimnisvollen Sonnen-Logos –
ewig auf Vollendung hinwirkt. –
Ich bin ein Brennpunkt für DAS,
WAS namenlos ist und un-bedingt.

Ich ziehe mich zusammen, ich dehne mich aus.
Ich bin bewußt in den vielen winzigen Wesen
des Lebens-Stroms im Herzen der Erde.
Ich juble mit dem Entzücken der Knospe,
die sich dem Lichte öffnet.
Ich bin ein Sang der Himmlischen, ein Schöpfungston.
Von welcher Sphäre ich auch immer
das mächtige Erzittern
von Harmonie, von Schöpferwunsch, von Liebe
in meinem Wesen aufnehme –
darauf antworte ich, diesem Ruf folge ich.
Schneller als der Gedanke komme ich.
Wahrlich, mit dem Gedanken bin ich da;
denn ich werde vereint mit ihm!

O DU Strahlendes LEBEN,
o LIEBE – machtvoll hinausflutend
in des Menschen Finsternis!
Ich – Flamme von Deiner Flamme –
wohne in Deinem Herzen aus Licht!
Ich eile, auf Dein Gebot

mit dreifachen Feuern jene Herzen zu durchlodern,
die Deine Macht beschwören können.

Nur wenige haben bisher gelernt,
ohne zurückzuweichen,
in Dein ehrfurchtgebietendes Antlitz zu schauen.
Von denen wird im tiefen Schweigen des Feuers,
das in Ewigkeit hitzelos brennt,
Deine S t i m m e gehört.
Diesen Erleuchteten ist die Macht gegeben,
etwas von dem, was sie sahen,
in empfängliche Geister widerzustrahlen,
sodaß der Mensch einen glänzenden Schatten
von Deiner Herrlichkeit erblicken kann –
barmherzig gemildert für seine Schwachheit
und eine schimmernde Vision von DEM erhält,
von DEM er ein Teil ist.

Wir sind es, wir sind es – freudvolle Geister,
Söhne der Flamme – die gesendet werden,
den Menschen zu Dir, seinem URQUELL, zu ziehen.
Wir begeistern ihn zu Liebe und Sehnsucht
für Dich, das LICHT seines Wesens.
Und durch DEINE reine Essenz, Deine geistige Glorie
suchen wir aus der Jugend der Welt
eine neue Rasse für Deinen Dienst zu entwickeln,
die, von Deinem Licht erhellt
und von Deinem Atem beseelt,
Deiner WESENHEIT machtvolle Kräfte
für Geist, Seele und Leib entlocken können.
Dies ist das Werk, wofür wir geschaffen wurden:
Die Entwicklung der Körperform,
die Befreiung des Geistes aus Knechtschaft,
die Verschmelzung jeder Flamme mit ihrem UR-FEUER –
mit der Spirituellen Sonne,
dem Logos, unserem Herrn!

O Leben unseres Lebens,
o Herz aus reinem Brand!
Wir beten Dich an!
Wir leben, um Dir zu gehorchen.
Der Du in Deiner unermeßlichen Weisheit
Deine Sieben Söhne regierst,
die Herrscher der Planeten.
Sie strecken Dir ihre Hände entgegen.
Sie rufen Deine Weisheit an,
sie wohnen in Deinem LICHT.
Du leitest ihre Impulse, ihre Bahnen, Entschlüsse.
Du verhütest Zusammenstoß ihrer mächtigen Kräfte,
die ewig nach außen strömen –
aufeinander einwirkend –
so wie jedes menschliche Handeln
zum Guten oder Bösen seine Brüder beeinflußt.
Du vermischest ihre Harmonien
und verwebst sie zu neuen Klanggebilden.
Du erneuerst ihr Leben und das aller Wesen,
die teilhaben an Deiner Substanz.
Du bewegst Dich allzeit jener Vollendung entgegen,
dem Archetypischen Bild,
das Dir durch Göttliche Ideenbildung offenbart wurde.

Denn selbst Du, o Sonnen-Logos, unser HERR,
selbst Du neigst ja Dein leuchtendes Haupt
dem Willen eines a n d e r e n ,
erkennst Dich als Teil eines mächtigeren Planes,
in dem auch jener U n b e k a n n t e , Dein Zentrum,
nicht mehr als nur ein Dienender ist
von einem noch G r ö ß e r e n , der – gewaltig
und jenseits aller Vorstellung –
wachsend, sich entfaltend in Wissen und Weisheit –
zu j e n e m hin, d a s ohne Namen ist,
d a s DUNKELHEIT ist und STILLE.

O Mensch, der du dich endlich aufs neue
glühend nach Erkenntnis sehnst!
Wir sehen dich – wir hören dich:
Dein Aufwärtsringen, dein Erwachen,
dein Abwerfen der Gewohnheitsfesseln.

Unverhüllt und stark wie als Griechen und Ägypter,
die – Anbetende der Sonne –
aus ihren Strahlen Leben zogen
und jauchzten in ihrem Licht,
so erhebt nun eure Herzen wieder
zu dem HERRN eures Seins!
Erflehet Wachstum, Heilung, Erleuchtung!
Bereitet euch vor, die Kräfte zu empfangen,
welche ER Seinen Geweihten bringt:
Einen Körper, der, stark und vollkommen,
ein Tempel ist, zur Wonung des LICHTES geeignet,
einen klaren und hellen Verstand,
und – als Größtes von allem –
einen ungefesselten G e i s t ,
der aufspringt zu Göttlichen Höhen,
der mit den Strahlen der Planeten sich eint,
der aller Vernichtung trotzt,
der furchtlos durch die erhabenen Pforten
ins UR-FEUER eintritt,
in das e i n e L e b e n –
in das Herz des S o n n e n - H e r r n .

EIN GEIST DER ERDE

Eine seltsame Schwingung durchpulst mein Wesen.
Ich spüre das Einwirken eines Menschen
auf meine Strahlungen,
der durch Willenskraft und Hingabe
sich mit dem Schöpfer-Impuls vereint,
der mich zu dem macht, was ich bin.
Nun richte ich mein Schauen auf ihn
und sehe die hellen Farben seiner klingenden Note.
Ich höre das reine Gold und das Rosenrot
in seinem Herzen ertönen –
holde Melodien, die ihn mit uns vereinen,
deren Wesens-Brennpunkt
mit dem Werden und Vergehen aller Wesen
des Zweiten Reiches [1] verknüpft ist.
Wir nähern uns ihm, ich und meine Diener:
Erd-Naturgeister und Gnomen,
lichte Blumen-Elfen und tanzende Undinen,
welche Flüsse und Bäche bevölkern,
alle Wesen, die in der Erde wirken,
in Wasser, Sonne und Luft.
Solchem Menschen wie diesem,
der unser Freund und Mitwirkender ist,
enthüllt die Natur ihr Antlitz.
In seiner starken Schwingung,
die im Einklang mit i h r e m Willen steht,
regt das Leben sich eifrig
in Blumen und allen Pflanzen.

[1] Pflanzen-Reiches

Ihm offenbaren wir unsere geheime Kunde.
Die L i e b e ist das uns bindende Glied.
Denn Liebe ist der Ur-Impuls aller Schöpfung,
das Sehnen nach Wachstum und Vereinigung mit Dem,
der größer ist als alle irdische Wesen,
mit dem Mächtigen, in Welchem wir
und alle Erdbewohner wie Lebenszellen erscheinen:
dem Planetarischen Logos.
Aus Ihm empfangen wir unser Leben.
Seine Substanz nährt uns, läßt uns wachsen.
So werden wir zu mystischen Zentren,
worin Sein Wille sich auswirken kann
und Sein geheimnisvoll-zielbewußtes Werk
vom Höchsten bis zum Niedersten geschieht.

O, tief in die Erde fließt meine Kraft!
Metalle und Felsen rühren sich
in ihrem reglosen, traumgleichen Zustand,
wenn ich, mein Bewußtsein mit ihnen verbindend,
ihre chemischen Atome neu lade
und die Elemente scheide, welche ich brauche.
Wenn ich Myriaden winziger Wesen
in mich ziehe, meinen Willen auszuführen,
und das Wachstum anrege
in den unsichtbaren Kraftwirbeln der Erde,
wo Tod der Herr des Lebens zu sein scheint.
Ich heiße die Wasser-Devas der Luft
ihre Wolkengebäude errichten
und ihren Regen auf dürstende Felder strömen.
Ich bin es, der die Söhne des Feuers aufruft,
ihre vitalisierenden Strahlen zu senden,
damit sie die wartende Erde befruchten.
All die Kleineren in mir — meine Kinder —
spielen und springen im mystischen Tanz
gleich Sonnenstäubchen, die durch die Lüfte flirren.
Beflügelt von meinem Willens-Impuls,

schweben sie hin, ihre Aufgaben zu erfüllen.
Alle Geschöpfe in der Natur
spielen ihre kleinen Rollen
in dem unermeßlich-großen Plan:
Die unsichtbaren Insekten, im Grase kriechend,
die Honigbiene, beladen durch Kleefelder fliegend,
der singende Vogel, bauend sein winziges Nest,
die Blumen, Büsche und Bäume,
welche bewußter leben und lieben
als andere Brüder ihres Reiches –
jedes baut und lebt und stirbt dem Gesetz gemäß.

Wir wechseln unsere Formen –
geführt von dem E i n e n B e w u ß t s e i n –
und arbeiten unaufhörlich in seliger Ekstase.
Was als Tod dir scheinen mag, o Mensch,
ist uns vollkommener Rhythmus,
eine Harmonie von Millionen Stimmen,
durch die Sphären stürmend in Freude-Ergüssen.
Nirgends ist ein Ende des Sanges, der Leben heißt.
Alles Leben schafft wiederum Leben.
Das Große Rad dreht sich in zyklischem Wandel
und trägt alle Wesen einer Vollendung entgegen.
Der einzige Mißklang ist die Stimme des Menschen,
der in seiner jetzigen Unwissenheit
noch getrennt zu wirken strebt.
Ach, wüßte er seine Macht!
Begriffe er nur, daß er allein die aufwärtsbrausende,
universale Entwicklung hemmt!
Doch in dumpfen Winkeln seines verstörten Gemüts –
gleich einer winz'gen Saat, in der des Lebens Kraft
durch der Erde dunklem Kerker dem Licht zustrebt –
drängt ihn der Geist schon, Befreiung zu suchen
und treibt ihn beständig, unnachgiebig,
zum Forschen nach W a h r h e i t. –
Ja, schon vernehme ich seine Note,

in seinen Zentren vibrierend,
mit einem Schrei nach Vereinigung, einem Lebensausdruck,
den wir nur geben können.
Möge sein Ruf immer mächtiger wrden,
bis ich und die Meinen
in freudigem Entzücken ihm antworten können.
Dann werden seinen geblendeten Augen
die geheimen Schönheiten des Zweiten Reiches enthüllt.
Er wird uns bei unserer Arbeit wahrnehmen
in Wäldern, Flüssen und Tälern.
Deva-Gestalten werden seinen Himmel erfüllen.
Er wird mit jeder Blume reden, mit jedem Stein.
Er wird die transzendente Musik der Sterne hören.
Die jagenden Winde, die funkelnden Wasser
werden ihm ihre Seele enthüllen und zu ihm sprechen.
Zu ihm werden die Vögel kommen, alle wilden, scheuen Tiere
werden ihm furchtlos zur Seite gehen.
Dann wird er gelehrt, seine Energien mit uns zu einen.
Dann wird er alle Reiche als sein eigen erkennen,
wenn er gelernt hat, ihre Note recht erklingen zu lassen
und die WORTE DER MACHT auszusprechen:
L i e b e , D i e n s t , E i n h e i t des Z i e l e s
mit D E M , Welchem wir dienen.

EIN FORMEN-BILDNER

Ein Ruf erklingt. Klar wie eine Silberglocke
schwingt er durch die Sphären
in zitternden Lichteswellen.
Unvermeidlich schlägt die Karmische Stunde.
Mächtig regt sich ein Schöpfer-Impuls.
Aus dem Heiligen Platz, der Geheimen Stätte –
wo die Mächtigen wohnen, welche jedem Wesen
seine gerechten Lose zumessen,
ohne deren Zustimmung nichts entstehen kann –
wurde Bestätigung erteilt.
Auf das erklingende WORT
branden magnetische Wellen
ihrer zugewiesenen Aufgabe entgegen.
Wir kommen, wir Bildner der Form, wir kommen!
Uns zwang der Gedanke herbei.
Zu jenem Ort eilen wir,
wo Gleiches nach Gleichem verlangt hat.
Rufe uns an, und wir stehen bereit,
deinen Willen zu tun! Wir können nicht säumen,
der Note zu folgen, die uns zu dienen gebietet.

Schaue mich an! Ich bin hier!
Ich bin die Matrix.
Hell leuchtet in meinem Geist
der ausgestrahlte Gedanke auf.
Durch mich muß er Leben gewinnen.
Wie immer der Traum beschaffen sei,
der im Geist eines Schaffenden glüht,
ich werde ihn zu formen suchen,

so lange wie das klare Denken,
ohne zu schwanken und unverändert,
sich in mir widerspiegelt.
Durch alle Kanäle flutet
die mächtige Kraft, die ich nutzen darf.
So viel – nicht mehr!
Sei es ein Weltreich – oder eine Flut von Musik,
oder ein Gedicht, das ersonnen ward –
es verbleibt das Gesetz:
So viel Kraft und nicht mehr! – – –
So viel! Ich fühle die Wellen
pulsen und spielen in meinem goldenen Herzen.
Myriaden winziger Wesen werden in mich gezogen.
Mein ist ihre Schaffensfreude.
Sie bauen in mir, sie schmelzen zusammen,
und mächtig mit ihrem neuen Leben
dehne auch ich mich aus.
Ich treibe ihre Kräfte zu Formen und Mustern
von Farbe und Klang.
Die klare Form n i m m t z u .
Die Kräfte fließen zusammen
und drängen mit immer wachsender Macht
ihrem Brennpunkt auf der physischen Erde zu.
Die Zentren kreisen im Einklang.
Der Kraft-Wirbel erglüht.
Die Energien treiben – als feurige Atome –
in das Herz des Menschen hinein,
dessen starkes Verlangen mich herbeibeschwor,
mit all den Kräften, die ich verwalte –
bis das Werk getan ist.
Denn der Maler, der Musiker und der,
welcher einen Traum in Worte zu bannen sucht,
Schauspieler, Erfinder, alle jene,
in denen der Schöpfer-Impuls sich regt:
sie anerkennen und preisen mich,
wenn meine Strahlen in ihr Bewußtsein fließen,

obwohl sie meine Gestalt nicht kennen.
Rascher durchströmt sie das Blut,
Freude springt in ihren Herzen auf.
Sie bleiben sie selbst, doch mächtiger geworden,
denn ich wirke in ihnen.
Erhöht, umgewandelt, verklärt,
werden sie im Augenblick schaffender Energie
eins mit allem, was in mir lebt,
und mit jenem Größeren L e b e n ,
dessen Verkörperung ich bin.
Es offenbart sich ihnen in mir,
und kosmischer Atem strömt in das werdende Werk.

Ich bin auch ein Geist der Wiedergeburt.
Ich vereine die Lebenskeime im Mutterleib,
wenn die Sternen-Aspekte günstig stehen.
Dieses neuen Lebens Elemente fließen durch mich.
Die astralen Strömungen tragen mir
Bilder aus der Vergangenheit zu,
Folgen von Ursachen, die durch anderer Leben Taten
von dieser Seele erzeugt wurden,
und die, scheinbar schlafend, vergessen waren,
bis jetzt neu ihre Note erklingt.
Wohl tausend Lebens-Elemente bauen mit mir.
Es wacht und wirkt durch mich das Ego des Kindes,
das durch ein silberfeines, doch stählernes Gewebe
an sein unvermeidliches Schicksal geknüpft ist.
Wir ziehen die Kraft aus allem, was uns erlaubt ist.
Wir nehmen von den Eltern Äthermaterie
und Lebenspartikel aus allen Naturreichen –
viel oder wenig –
je nach den Verdiensten der Seele,
die eine neue Verkörperung sucht.
Und während das Werk fortschreitet,
erglüht des Kindes Äthergestalt
in der verborgenen Matrix meines Herzens

zu einem Juwel, zu einer Knospe von Licht.

Ich diene der WELTENMUTTER, dem Weiblichen Gottes-
 Aspekt,
woher alle Wesen und Dinge empfangen werden,
aus dem alle Formen stets aufs neue erstehen.
Mit mir erscheinen die Heiler –
der violetten Ätherwellen Söhne –
die jene Seelen führen und inspririeren,
welche Verständnis und Heilung anstreben
für der Menschen vielfältige Krankheitsnöte.
Denn unser ist die Aufgabe,
die Menschheit stets von neuem umzubilden,
sie von einer Stärke in die andere zu leiten –
ihrer vollen Reife entgegen,
dem Gipfel ihrer Glorie, der mächtigen neuen Rasse,
die, bewußt uns schauend und kennend,
gleich uns arbeiten wird –
vereint mit den Karma-Adepten und den Lipika-Herren –
an dem gesamten, machtvoll-gewaltigen Plan,
der alle vorwärtsdrängt zur vollkommenen Harmonie.

O du Weiser, wirke zusammen mit mir!
Bewahre deine glänzenden Körper unentweiht!
Ströme dein Lieben,
dein reines Wünschen uns zu!
Und wir werden es stärken und vitalisieren
mit Feuer und Wasser,
mit den Elementen von Luft und Erde,
den heiligen Vier:
Mit dem reinen Feuer: der Mentalflamme, der Lebensessenz;
mit dem Wasser: Symbol astraler täuschender Mächte,
die verhängnisvoll mit den Geschicken
menschlicher Wünsche verwoben sind;
mit der Luft: ihren schnellen rauschenden Boten,
welche sturmgleich kommen, die Form zu reinigen;
und mit der Erde, die noch einzig dem Menschen vertraut ist

und ihn als hilflosen Gefangenen hält.

So erblicke mich denn,
den Boten, glühend von Liebe!
Rufe mich an, ich gebe Antwort!
Doch sei auch gewarnt, o Mensch,
der du in stolzer Stärke vielleicht
Kräfte und Elemente zu nutzen gedenkst,
die du noch nicht steuern kannst!
Ich bin auch ein Vollstrecker des Karmagesetzes.
Zu dem, der meine reichen Gaben
für dunkle, verbotene Zwecke sucht,
zu dem, der Zerrbilder schafft und Dissonanzen,
Böses, das der Menschen Leben mit Fluch bedeckt,
werden meine Kräfte ebenfalls kommen,
da er freien Willen zur Wahl hat.
Doch mit ihnen kommt auch die Vergeltung,
denn sie werden ihm zum Verderben.
Für ihn wäre es besser gewesen,
gleich seinen Brüdern geboren zu sein:
blind, taub und stumm
für jene gewaltige Möglichkeiten,
die in des Menschen Machtbereich liegen.
Denn wer kosmische Kraft gegen das GESETZ gebraucht,
wird durch diese Kraft zerschmettert werden!

Aber jenen, die unsere Sprache erlernen wollen,
die schon jetzt bestrebt sind,
unsere flutenden Harmonien zu hören,
um mit uns zu wirken,
mit uns dem Göttlichen Willen zu folgen suchen –
jenen werden wir Devas freudig dienen.
Sie werden uns gleich werden.
Ihnen wird die Wahrheit ihr Antlitz entschleiern,
sie werden frei unsere Kräfte handhaben
und die schöpferische Note rein erklingen lassen.

DIE DEVAS DES ZEREMONIELLS

Wir schweben und sinnen, wir wachen und warten.
Wir erschienen auf Erden
aus dem blinden Ur-Verlangen der Menschen
nach Vereinigung mit D E M ,
aus D E M sie kamen.
Wir werden bleiben, bis jenes Sehnen erfüllt ist
und auch wir – mit ihnen –
in jene Herrlichkeit wiederkehren,
aus der alle Wesen enttauchten.

Es gibt keinen Ort,
durch Gebet und Lobpreisung geweiht,
so klein und gering er auch sei,
der u n -gesegnet ist
von einem unserer großen Bruderschaft
und von jenen Mächtigeren,
den Adepten der Liebe, die unsere Herren sind.
Unsere Stärke, unsere Schönheit und Segensmacht
wächst stets durch die Hingabe-Kraft,
welche Priester und Anbetende ausströmen.
Nur nach dem Maß dieser Kraft
können wir unsere Segnungen herabfluten lassen.
Wenn Stimmen und Instrumente
sich in Preis und Anbetung einen
und auf Schwingen reinen, gesammelten Willens
uns mit herrlicher Macht übergießen,
dann leuchten wir und dehnen uns aus.
Unseren Augen entspringen sternhelle Strahlen.
Und mitten im Brennpunkt des Lichtes

entfaltet sich das juwelene Herz, die „Mystische Rose".
Das W o r t erklingt.
Hell-blitzend eilen von Ost und von West
unsere Brüder herbei,
um ihre Stärke mit der unseren zu einen.
Und weit und breit segnet Friede und Seligkeit
die Herzen der Menschen.

Magie ist unsere Natur.
Die Magie von Ritual, Wort und Musik
beschwor uns einst wirksam,
anfeuernd in jene Menschengeister zu dringen,
die das Geheimnis bewahrten und fähig waren,
den Klang heiliger Anrufung ertönen zu lassen.
Doch fast verstummt ist jetzt das Widerhallen
mystischer Harmonien durch die dreifachen Welten.
Nur selten noch steigen reine Lichteswellen,
glänzende Farben, unirdische Klanggebäude
aus Hain und Tempel und Kirche auf.
Jenes Zeitalter ist vergangen.
Murmelnde Priester und ihre kärglichen Gemeinden,
an alten Dogmen und Traditionen haftend,
sind wenig imstande, ihr schweifendes Denken
länger als Augenblicke festzuhalten.
Schwaches Klingeln von freudlosem Schall,
heilige Worte, ohne Wissen von ihrem Sinn gesprochen,
sind machtlos, unsere Glorie zu beschwören.
Schemenhaft erscheinen wir,
und unsere einst schimmernden Strahlen sind trübe,
wie Schatten in altem, geborstenem Glas.
Wie können wir dann noch die Kräfte erzeugen,
die des Menschen Herz aufrühren
und es in Verzückungszustände erheben,
aus denen Weiheit fällt wie Tau
auf sein leeres Gemüt –
sodaß er erschauen kann

seinen und unseren erhabenen HERRN?

Vergessen hat der Mensch und sich abgewandt,
denn jene, die Hüter der Heiligen Lehre,
verließen ihn durch Unwissenheit
und haben den klaren Brunnen vergiftet,
aus welchem er trank.
Die Fähigkeiten seiner erwachenden Denkkraft
trieben ihn, daraus zu entfliehen.
Er will nun nicht länger mehr
den mystischen Pfad beschreiten,
auf dem er glaubt, betrogen worden zu sein.
Nicht mehr erhofft er sich, ewige Wahrheiten
durch kultische Riten zu finden.
Jene uralten Sakramente
von unübertroffener Schönheit,
die Einheit von Stimme und Handeln der Betenden,
der rhythmische Schwung,
jene Magie, die uns herniederholte,
um unser Bewußtsein
mit den Anbetenden zu vereinen
und ihnen überirdisches Schauen zu geben.
All dies ist Legende geworden – ein Dichtertraum.
Denn die heiligen Mysterien
wurden dem Herzen des Ritus entzogen.
Fast leer geworden, schweigt es der Menschen Not,
weil es nicht mehr Geist und Gefühle
freudenvoll bewegen kann,
die auf einen anderen Schlüssel gestimmt sind.

O Mensch, der du nun keine andere Quelle weißt,
dein mystisches Verlangen zu stillen,
seltsame Wege wanderst du hinab!
Du suchst deine „Götter" auf Erden
und findest nichts als zerbrochene Bilder,
Doch du hast beschlossen, allein zu gehen

und stolperst einsam durch weglose Nacht –
unerleuchtet von jenen klaren Sternen,
die einst deinen Werken das Leben gaben.
So wird es sein: solange du dich noch weigerst,
durch die erhabenen Pforten
der Hohen, Alten Mysterien zu schreiten.
Hohl dröhnen jetzt deine nichtigen Schritte
auf verödetem Tempelboden,
wo in alten Tagen die Gottes-Macht Form gewann
und Priester-initiierte Werke vollbrachten,
die heute dir wie Wunder erscheinen.
So unwissend bist du geworden,
daß du nicht mehr Wahrheit von Irrtum scheiden kannst.
Verwirkt sind deine Kräfte – und es ist gut.
Denn noch bist du nicht reif
für die neue Morgendämmerung des Wissens.
Zu viel hast du zu lernen.
Jetzt können wir nichts als Schutz und Mitleid geben,
wir können dem Wenigen nur mit Wenigem begegnen,
denn nichts kann aus nichts erstehen.

Wenn bald einmal wiederum
der Mensch seinen inneren Mangel erkennt
und dringend ruft,
daß ihm der mystische Pfad gewiesen werde,
wenn er durch Hingabe und Dienst
und durch die Riten der L i e b e
sich mit uns zu vereinigen sucht,
wenn die Strahlen rosiger Harmonie
sich hell aus der Erden-Aura ergießen,
wo jetzt die grelle Lohe des Kampfes glüht,
dann werden Adepten dem Ruf des Menschen folgen.
Dann wird ein neuer Impuls zur Erde gesandt.
Weise Lehrer werden zurückkehren, die Rasse zu führen
und einen anderen Aspekt der Wahrheit entschleiern.
Sie werden mächtige Schulen gründen

wo Geheimnisse offenbart und Kräfte der Natur
denen enthüllt werden sollen,
welche tapfer und rein,
schweigsam und beherrscht sein können.
Dann werden neue Anbetungsformen entwickelt,
um den neuen Erfordernissen zu begegnen,
die entweiht worden sind
durch den Mißbrauch verblendeter Menschen,
die dem G e s e t z entgegenwirken.

Wenn einmal wieder von neuem
die mystischen Wellen des Klanges
zu uns von der Erde aufsteigen
und uns in Herrlichkeit und Macht herniederrufen,
dann – an jenem Tag werden wir kommen
und unseren reinen Strahl von neuem
in seiner einstigen Schönheit leuchten lassen –
in Symphonien von Licht, Farbe und Klang.
Dann wird wiederkehren, feierlich verkündet von uns,
in hoher Majestät der mächtige HERR DER LIEBE,
Welcher nur erscheint,
wenn der Mensch durch Liebe
und glühendes Verlangen nach Wachstum
Ihn herabruft – zu dem bereiteten Ort,
wo Er sich offenbaren kann.

In deinen eigenen Händen, o Mensch,
liegt dein eigenes Schicksal.
Uns gilt die Zeit nichts.
Bis zu jener Morgendämmerung,
wo du stark und weise dich selber begreifst
und deine eigenen herrlichen Möglichkeiten
recht zu gebrauchen weißt,
werden wir schweben und sinnen, wachen und warten,
wir, deine Diener, Brüder und Herren.

EIN NATIONAL-DEVA

Ich bin ein großer Wächter.
Ich eine und verschmelze in meinem Wesen
die Hoffnungen und Ideen,
erzeugt von jener erwählten Menschengruppe,
der ich zu dienen lebe.
Ich bin die Verkörperung des nationalen Denkens,
der seelischen Neigungen dieser Menschen,
ihrer Träume, ihres Strebens.
Ich bin das unsichtbare Symbol
ihres gemeinsamen Lebens
und der nationalen Form,
die sie durch ihr Denken aufgebaut haben.
Ich stehe unaufhörlich wachend über ihrem Land
und entwickle mich mit ihnen.
Mir ist die Macht gegeben, durch Transmutation
ihre Irrtümer abzumildern –
dem Willen zum Guten gemäß,
welcher ihnen innewohnt.
Ich bin ihr rassischer Stolz
und trete in Erscheinung
bei der ersten nationalen Handlung.
Und von diesem Augenblick wirke ich
auf ihre geheimen Kraft-Zentren ein,
leite sie aufwärts und vorwärts.

Am Beginn, wenn die Nation, gleich einem zarten Kind,
stolpert und nach Beherrschung ihrer Kräfte ringt,
sammle ich ihre Bestrebungen
im Brennpunkt meines eigenen klaren Herzens,

rege ihr Eigenbewußtsein an,
erfülle sie mit dem Verlangen nach Leistung
und Überflügelung ihrer Nachbarn.
Dann – wende ich ihr Streben nach innen.
Ich nähre sie mit Religionen,
die ihrem geistigen Wachstum entsprechen.
Ich gebe ihr Herrscher-Geschlechter,
damit sie lernen, sich durch sie Ideale zu bilden.
Ich gebe ihr Fürsten des Krieges und des Friedens,
Führer und Lehrer, um ihre Energien
in den dreifachen Welten
von Materie, Seele und Geist zu verstärken.
So führe ich ihre kindlichen Schritte der Reife zu.

Später, wenn die Nation gewachsen ist
und das Drängen nach Ausdehnung,
nach Abenteuern und Heldentaten
sich mächtig in ihr rührt,
entflamme ich die Imagination ihrer Dichter
mit tausend Ruhmes-Phantasien.
Und ich führe die Nation dahin,
wo ihre Fähigkeiten Ausdruck
und einen größeren Spielraum finden können.
Dann sprengt sie ihrer Kindheit Fesseln,
sie sendet ihre Söhne aus,
um Ideen für Neuerungen und Wohlstandssegnungen
von anderen Völkern zu sammeln,
um ihr in fernen Ländern Kinder zu zeugen
und Gebiete zu erobern, wo sie ihre Saat aussäen,
sich ausbreiten und wachsen kann.
So gelangt sie zu ihrer Blütezeit.

Endlich, von Erfolgen berauscht,
berührt sie, stolz und abgesondert,
ihre Gefahren-Linie.
Stark und selbstzentriert

begehrt sie dann in ihrer ruhmvollen Reife,
nationalen Vorrang vor anderen
und zieht Kraftzuflüsse aus jeder Quelle an,
seien sie gut oder böse.
Jetzt reizt sie die anderen zu Neid und zu Furcht,
Jetzt kann sie durch Herrschsucht geblendet werden,
versklavt von jenen eitlen Ehrgeizkräften,
die aus Stolz geboren werden.
Männer erstehen aus ihrem Herzen –
von den dunklen Mächten angefeuert,
welche ewig die Welt zu verwirren trachten.
Sie drängen die Nation auf Wege
harter, nutzloser Eroberungen hin.
Sie treiben sie an, Macht zu begehren,
die sie weder steuern noch halten kann.
Und sie schüren alle üblen Neigungen,
die sie während ihrer Vergangenheit schuf.

Jetzt hat die Nation ihre Stunde der Wahl,
die Zeit ihrer Prüfung.
Denn so wie der Körper des Menschen
einmal seinen Lebens-Gipfel überschreitet,
so schwindet auch der Nation die Stärke der Jugend,
und der abwärtsführende Bogen
ihrer Entwicklung hat begonnen.
Die Auflösung hebt nun an.
Drei Pfade liegen jetzt vor ihr:
Sie kann in Stillstand verharren
und, durch Trägheit verdorben,
sich raschem Verfall preisgeben.
Oder sie kann durch Stolz und eitles Übermaß,
durch bösen Ratschlag und die Weigerung,
der Wahrheit ins Antlitz zu sehen,
blind ihrem Verhängnis entgegenstürzen,
in Niederlage, Verfinsterung, Vernichtung.
Aber sie kann auch den e d e l s t e n Pfad wählen

und ihre Energien aufs neue nach innen lenken,
sich den Werten von Geist und Seele zuwenden
und jenes höhere Werk zu vollenden suchen,
für das sie einmal ausersehen wurde.

Möge sie dann der Stimme
jener weisen Hüter der Rasse lauschen,
der großen Menschen ihrer Vergangenheit,
die, durch Liebe und Dienst ihr verbunden,
ihre Führer und Meister geworden sind
und noch unerkannt an verborgenen Stätten leben!
Möge sie ihr blitzendes Schwert beiseitewerfen
und mit ihnen nach Frieden streben!
Von ihnen inspiriert,
wird sie dann ihre feurigen Kräfte –
die Früchte ihrer Anstrengungen
auf dem langen Entwicklungs-Weg –
zu viel größeren Höhen
spiritueller Vollendung und Herrlichkeit tragen,
bevor ihr Tag sich zu Ende neigt!
Denn vergehen muß sie, alles unterliegt
dem Kreislauf von Tod und Neugeburt:
Mensch, Nation, Planet und System.

Aber, o mein Kind, mein Volk – sei klug!
Weise die vernichtende Verachtung zurück,
welche Schwache und Gefallene trifft!
Mache dein äußeres Sinken
zu einem glorreichen Höhepunkt!
Laß ihn die Kräfte des Geistes verklären,
laß deine Augen im Licht ewiger Jugend strahlen!
Vereine deine verborgenen Feuer
mit jenen unsterblichen Flammen,
die in den mächtigen Wesen brennen,
welche über Kontinenten und Ozeanen wachen
und über den Staatsführungen jedes Volkes!

O, sende mich aus
durch den Impuls deines erleuchteten Geistes,
daß ich mich mit ihnen verbinde,
mit den Internationalen Devas,
die für die ganze Erde das bedeuten,
was ich jetzt für dich bin!
Dann wird durch ihre regenerierende Macht
frische Energie deine strebende Form beleben.
Du wirst aufflammen.
Du wirst ein führender Stern den Nationen werden,
die jünger als du selber sind.

Ein Fackel wirst du, bei deren Schein
die noch ungeborenen Menschen
den Pfad zur Weisheit sehen werden.
Dann wird durch den Aufschwung,
den deine transzendente Kraft
allem Lebendigen geben wird,
die Welt um dich her wachsen.
Sie wird ihre Ideale des Führertums
deinem gepriesenen Vorbild entnehmen.

Kommende Rassen werden ihren Segen
auf deinen Namen ergießen.
Und du wirst in ihnen auferstehen
und durch sie empfangen
das Götter-Geschenk der Unsterblichkeit.

DIE INTERNATIONALEN DEVAS

Wir sind die mächtige Bruderschaft
des Friedens und der Entwicklung.
Wir wurden zu Ur-Beginn eingesetzt
von dem gewaltigen Geist D e s s e n ,
der als Vollstrecker eines Größeren Willens wirkt –
von dem Planetarischen Logos,
dem Schweigenden Wächter,
Der sich selber geopfert hat,
damit ihr, o Menschen, und wir
vor jenen kosmischen Energien behütet werden,
die, ungezügelt, uns vernichten könnten.

Weit, fern ist unsere Heimat,
die wie Symbole Göttlicher Vorschau sind
und leidenschaftslosen Denkens.
Wir beobachten die Tätigkeiten der Erde,
als schwankende Ströme aus Licht und Klang,
als Fäden, die wir zusammenziehen
und zu dem heiligen Muster verweben,
welches Er, Der uns alle führt, gewiesen hat.
Wir streben ewig nach Einheit,
indem wir die widerstreitenden Schwingungen,
die von jeder einzelnen Nation –
nach ihrem Reife-Grad – hinausstrahlen,
in Einklang zu bringen versuchen.

Wir wirken durch jene, unsere jüngeren Brüder –
die National-Devas, Führer der Völker –
die, dem Menschen näherstehend als wir,

von seinem eigenen Denken beseelt,
uns die Richtung seiner Entwicklung enthüllen.
Sie dienen als Mittler,
die ihm unseres Herzens Energien zuführen,
welche er benötigt,
und ihn unablässig zum Verständnis
unseres Willens und Werkes, unserer Ziele hinleiten.
Wir sind es, die jene Zentren magnetisieren,
in denen sich Menschen-Söhne versammeln,
um Methoden internationaler Arbeit zu planen,
Wege des Friedens ausfindig zu machen
und zum Segen der Menschheit Reformen einzuführen.
Wir schaffen aus der erneuernden Flamme
ihres ernsthaften Wollens
die für ihre Ziele notwendige Harmonie.

Wir sind es, die jene großen Menschen inspirieren,
welche – hellen Lichtern gleich,
die das Chaos durchdringen –
in ihren Fortschritts-Visionen
unseren Göttlichen Schwingungen antworten
und unsere Kraft beschwören.
Wir suchen, die Irrungen und Ängste,
die Kämpfe und Wirrnisse,
die aus der Menschen Blindheit entstehen,
in endliche Wohltat umzuwandeln,
indem wir rasche Vergeltung bringen.
Damit er lerne, wie Ursache mit Wirkung verknüpft ist,
und erkenne, daß Übeltat und Zerstörung
nichts als Auflösung ausbrüten kann;
und daß Liebe und Harmonie allein
ihn dem vollkommenen Staat entgegenführen,
von dem seine Führer und Seher träumen.

So trachten wir immer, alle Menschen
unserer eigenen Bruderschaft näherzuziehen,

indem wir ihnen die Torheit von Trennungswahn
und rassischen Vorurteilen offenbaren,
die zwar den jungen Nationen nötig sind,
zum verhängnisvollen Fluch aber den älteren werden,
welche immer mehr lernen müssen,
in Übereinstimmung verbunden zu leben
oder . . . zugrunde zu gehen.

Wir sind es, die zu dieser Zeit
die spirituelle Weisheit des Ostens
mit dem geschliffenen Denken zu einen suchen,
welches der Westen entwickelt hat.
Denn ehe nicht Osten und Westen
einer den anderen begreifen kann,
ehe die Grenzen von Rasse und Glauben nicht fallen
und alle Menschen verstehen,
daß es nur e i n e W a h r h e i t gibt,
ehe nicht jedes Land
die glühenden Feuer der Erfahrung durchschritten
und seine eigene Stärke gemeistert hat
und erkennt, daß jedes ein Teil des GANZEN ist –
so lange kann nie Frieden auf Erden regieren.

Gleich einer Schlange liegt Zwietracht verborgen
im wirren Wachsen des Getrenntheitswahns.
Wir alle sind e i n s !
Ihr Nationen auf Erden,
ihr seid die Glieder, die organischen Kräfte,
der dichte Organismus vom Herrn des Planeten.
So lange ihr in diesem grimmigen Zustand
von Mißklang und Kriegen verbleibt
und unaufhörlich eine die andere befehdet,
erschafft ihr innere Krankheiten,
geistige Krebsgeschwüre und Gifte
in Ihm, eurem Großen Vater,
der sich geopfert hat,

indem Er sich eng mit der Menschheit verband,
um euch zu Seiner eigenen
transzendenten Höhe emporzutragen –
und der so durch euch, denen Er dient,
am weiteren Aufstieg gehindert wird.

Denn wisset, daß selbst die mächtigsten Wesen
durch Liebe und Ringen nach Vollkommenheit
unaufhaltsam einem höheren Ziel zuschreiten!
Das GESETZ wiederholt sich
vom Atom bis zum Göttlichen Wesen
in sich ewig erweiternden Kreisen.
Durch Harmonie allein
können die Nationen wachsen,
und durch Künste und Wissenschaften,
durch Musik und vergeistigtes Schauen,
durch diese höheren Möglichkeiten im Menschen,
die sich stets hoch über die illusorischen Schranken
von Rasse, Glaube und Sprache erheben –
so wie die reinen Berggipfel in heiterer Ruhe
den Wirren des Lebens im Tale entrückt sind.

Nur durch tiefes Verständnis
und Annahme dieser unwandelbaren Gesetze
kann Rasse sich mit Rasse verbinden.
Diese Gesetze sind unsere Wesens-Essenz.
Sie sind der majestätische Rhythmus
der Göttlichen Denk-Vorgänge –
schimmernde Strahlen
aus jenem unaussprechlichen Ur-Quell,
welcher ewig strömt,
um die Große Vereinigung zu schaffen.

Durch uns, die wir in Einheit wirken,
werden seine Harmonien,
die ur-anfänglichen Gesänge

der schöpferischen Söhne der Liebe,
ewig in die Seelen derer ergossen,
die uns berühren können.

Strebe also, o Mensch,
den uns noch verbergenden Schleier zu heben!
Trachte nach Vollkommenheit,
nach Einheit von Ziel, Willen und Handeln!
Dann werden einmal alle Menschen,
alle Nationen und alle Rassen
ihre eigenen vollkommenen Akkorde ertönen lassen
und sich schließlich vereinen
zu einer transzendenten Symphonie.

Und wir werden in glanzvoller Schönheit aufflammen
und unsere Note mit der euren verbinden.
Wir bringen euch Seligkeit und himmlische Liebe,
wir ziehen euch aufwärts
auf mächtigen Klanges-Akkorden,
höher und höher, bis der Gipfel erreicht ist,
bis eine ,,Vollkommene Menschheit"
sich mit ihrem Großen Selbst vereint
und die Pforten durchschreitet
zu einer neuen Welten-Schöpfung
und zu einer anderen Morgendämmerung.

EIN GÖTTLICHER MUSIKER

Ich bin ein Künder von Liebe und Frieden,
eine Verkörperung aller Welten-Musik
und auch der vollkommenen Rhapsodie
lichter Gedanken und Taten,
welche in friedvollem Einklang ertönen.
Alles Leben ist auf Musik gestellt.
Durch Musik wirbeln die Sterne auf ihren Bahnen
und geschieht alles Kräftespiel –
von der Drehung des kleinsten Atoms
bis zum Fluten eines SCHÖPFER-Gedankens,
der aus der Nacht des Chaos hervorbricht.
Denn Vishnu's Sang, der einen neuen Schöpfungstag weckt
und die „Söhne des Handelns" aus Untätigkeit ruft,
läßt dann ein heiliges Mantram ertönen.
Noch kann der Mensch die Göttlichen Skalen nicht hören,
obwohl er Tag und Nacht selber Klänge ausströmt,
böse oder gut, disharmonisch oder wohllautend,
seiner Natur gemäß.
Ich suche jene Töne und Obertöne,
die dem Menschenherzen unaufhörlich entsteigen –
trennende Wellen von gebrochener Melodie,
aufblitzende Klänge von reiner Schönheit,
finstere Themen voll feindlicher Dissonanz,
immer in meinen mystischen Waagschalen
zu verschmelzen, sie auszugleichen
und durch mein reines Liebes-Herz umzuwandeln –
ich, ein Bote zwischen dem Menschen und jenen Großen,
die sein Schicksal verwalten.

Ich bin ein Strahl aus dem GÖTTLICHEN Musiker.
Wo Menschen sich versammeln,
um die mächtigen Werke aufzuführen,
zu denen wir irdische Fürsten der Musik inspirieren,
dort schweben wir hoch in wogenden Reihen
und bauen inmitten der funkelnden Farben,
die den Tönen und Akkorden entstrahlen,
Gebilde von transzendenter Schönheit,
in deren Herz wir auf den Schwingen der Töne
alle tragen, die lauschend zu höchster Wonne gelangen.
Wir nutzen diese Kraft des Entzückens,
um im weitesten Umkreis
Liebe und Einheit auszustrahlen.
Was früher die Priesterschaft tat,
das wirken wir jetzt durch Musik.
Wir sind die Hierophanten dieser Mysterien
und suchen durch Klänge
des Menschen unstetes Herz zu G o t t zu erheben.

In allen Formen, aus Liebe erschaffen,
spiegelt mein Wesen sich wider.
In dem hellen Glanz, der aus dem Wunsch hervorstrahlt,
die Schwachen hegend zu schützen
und die Leidenden, Elenden,
deren inneres Licht trübe-flackernd wurde
und die im Mißklang des Schmerzes zittern
im ruhigen Wohlklang friedvoller Heime,
in den Manifestationen des Sexus,
jenes Symbols des kosmischen Drängens,
das durch Ausgleichung der Gegensatz-Paare,
vom Planeten-Logos bis zum Atom,
die kosmischen Zwillings-Aspekte
in vollkommene Ganzheit zu einen sucht –
offenbaren sich meine synthetischen Kräfte.
In der Mutterliebe, jenem glühenden Rosenschaft,
jener Kaskade holder Melodien,

in jeder selbstlosen Freude, im Lachen der Kinder,
in jeder Ausdrucksform der Göttlichen Liebe,
die der Mensch im lichten Zentrum seines Herzens,
obgleich noch unbewußt, immer aufs neue hervorbringt,
ist mein Wirkungsfeld.

Ich habe teil an allen stillen, heimlichen Freuden.
Das süße Singen des kleinen, wilden Vogels,
die Stimme geduldiger Herdentiere,
die zur Abendzeit aus dunkelnden Feldern steigt,
das leise Flüstern sonnengeküßten Grases,
das Glockengeläut in der Abendluft,
den Sang von Wasser und Wind,
alle unzähligen Düfte und Töne –
Akkorde im ekstatischen Siegeslied der Natur,
das Tag und Nacht aus den Sphären emporsteigt –
alle diese Töne verbinde und nutze ich
und ströme sie segnend auf jeden nieder,
der für mein Wesen empfänglich ist.

Trachtet daher zu geben,
damit ihr – schenkend – empfangen könnt,
ihr Menschen, die ihr jetzt
in blinder, tränenvoller Plage
disharmonische Zwecke verfolgt!
Öffnet eure Herzen in Liebe,
schwingt in meinem reinen Licht
und sucht nach seiner Strahlung!
Dann werdet ihr solchen Reichtum
an Frieden und Schönheit von mir gewinnen,
daß euer Wesen, von Freude überfließend,
unaufhaltsam seine Überfülle
in jenes riesige „Becken" ausstrahlt,
jenen machtvollen Hort heilender Kraft,
worin Die, Welchen ich diene,

alle hohen Energien ansammeln und nützen.
Dies sind die Göttlichen Menschen,
die einst euch gleich waren,
doch jetzt auf den Berges-Höhen stehen.
Sie suchen ihre jüngeren Brüder
zu jenem Quell der Seligkeit zu ziehen,
den sie durch viele Kreuzigungs-Leben
endlich erreicht haben.
Sie sind eure MEISTER.
Und durch Sie, wahrhafte Adepten der Liebe,
kommt die vollkommene Symphonie zustande.
Zu Ihnen tragen wir leuchtende Geister
jene lebendige Hingabe-Kraft,
jene Fluten sehnenden Klanges,
die ewig aufsteigen vom Menschen zu Gott.
Die Adepten nutzen die Kraft für des Menschen Heil
und senden sie durch uns –
machtvoll erneuert – zur Erde zurück,
ansteigend, schwellend, entfließend
in klingenden, großen Akkorden,
in Machtergüssen, welche Entzückungs-Schauer
durch die ganze Schöpfung senden.

Also, daß du, o Mensch,
das, was du in Unwissenheit gabst,
durch das Gesetz der L i e b e wieder empfängst,
jedoch unfaßbar erhöht und verklärt.
Was immer du hinausschickst an Bösem und Gutem,
es wird unweigerlich zu dir zurückkehren.
Hier liegt deine Macht, deine Glorie – und dein Weh.
Höre und lausche dem GESETZ,
das Sie, deine Älteren Brüder, immer befolgten:
Der, wer es wagt, sich für Liebe zu opfern,
wer, durch Liebe leidend, sich verzehrt,
wird durch Liebe neu-geboren
und in Liebe die höchste Erfüllung finden.

In ihm werden die herrlichsten Kräfte erzeugt,
die zu fordern nur jene berechtigt sind,
welche die Note des Dienens erklingen lassen.
Und das heißt: Freude den Betrübten zu bringen,
Hoffnung denen, die im Haus der Tränen wohnen,
Licht den Blinden zu schenken,
die Ohren jener zu öffnen,
welche taub sind für die geheimen Melodien
der Göttlichen Sphären.
Linderung den Kranken zu spenden,
Stärke den Schwachen, Frieden den Geplagten
und Leben aus dem Grab.

Wahrlich, der, welcher lernen könnte,
die mystischen Worte recht zu gebrauchen,
die Schlüsselnote jedes Wesens erklingen zu lassen,
es wäre ein König von Devas und Menschen –
erbauend, auflösend nach seinem Ermessen.
Doch nur wenige gibt es bisher,
die das Geheimnis entschleiert haben.
Noch liegt es verborgen hinter diamantenen Toren.
Zuerst muß der Mensch lernen, sich selbt zu regieren
und seine Note in Reinheit ertönen zu lassen –
vereint mit seinen Brüdern und dem Kosmischen Liebeston.
Durch Schulung und Selbstdisziplin
und unermüdlichen Dienst
gelangt er dann zu jener Pforte,
die zu den Vorhöfen des Tempels führt.
An dieser Pforte sind die Worte geschrieben:
„Liebe! Diene! Gehorche! Schweige!“
Von dort windet der Pfad sich hoch, mühvoll und lang.
Jedoch nur dem, der diesem Pfade folgt,
werden sich überirdische Kräfte erschließen.

Und wenn endlich der größere Menschheitsteil
die Geheimnisse handhaben

und die W o r t e d e r M a c h t gebrauchen kann,
dann werden wir uns ihm wieder verbinden,
wie in den alten, vergangenen Tagen,
derer wir gedenken – doch die der Mensch vergaß –
als Devas und Menschen gemeinsam göttergleich waren
und der Mensch die himmlischen Rhythmen
des Kosmischen Wortes hören und sehen konnte.
Dann wiederum wird die Schöpfung,
in Liebe, Einklang und Freude vereint,
in Himmels-Skalen widerhallen, alles vereinend
in einer vollkommenen Harmonie.

EIN DEVA DES FEUERS

Auf den Menschen, welcher lernt, meine Kraft
in dem kleinen Kelch seines Geistes zu fassen,
der meine Elemente, meine kämpferischen Eigenschaften
im Mittelpunkt seines eigenen Herzens
umzuwandeln versteht,
und der in ihnen die ewigen Harmonien
jener Großen, Kosmischen Gewalten wahrnimmt,
die oft dem Menschen zerstörend erscheinen –
auf ihn senken sich meine Gaben hinab.
Durch ihn wird mein Feuer
in lebenspendenden Strömen fließen
in jene wirbelnden Kraft-Zentren hinein,
die Heiligen Sieben,
worin seine inneren Lebensfeuer erneuert werden –
hochheilige Flammen,
die dem Vorbereiteten die Macht verleihen,
aus dem Menschen einen Gott zu machen.

Diese Kräfte werden noch von denen mißbraucht,
welche vergebens die Mysterien der Geheimen Lehre
sich zu erschließen suchen,
nur um sie für ihre eigenen
niederen Zwecke zu benutzen.
So wenig ist der Mensch noch für das Wissen geeignet.
Wahrlich, sie kennen mich nicht
und werden mich nicht bald begreifen.
Sie spähen suchend ins Dunkel,
durch die Beschränkungen geblendet,
die sie in ihrem sinnlosen Stolz

sich selber auferlegt haben.
Aber ich bin da – in ihnen und außer ihnen!
Denn ich bin F o h a t .

Ich bin des Leuchtkäfers Licht,
ich bin des Schmelzofens Glut
und alle Hitze, die der Mensch täglich benötigt.
Auch die unsichtbaren Funken bin ich,
die seine vielfältige Wesenheit beleben.
Ich bin jeder Aspekt der alldurchdringenden Flamme.
Ich bin das Feuer, welches schlägt,
auflöst und vernichtet
und die pestschwärenden Plätze der Erde reinigt.
Jene Zentren, wo durch der Menschen Narrheit
in giftigen Schwaden Böses heraufquillt
mit wilden Disharmonien,
mit dunstigen Formen in Höllenfarben
müssen von uns – wie einst Atlantis – zerstört werden
durch Brände, Sintfluten und andere Katastrophen.
Denn, zu einer gewissen Macht gelangt,
erzeugen sie eine Kraft, die, ungehindert,
die schöpferischen Strahlen verderben würde,
welche ewig hinabgeströmt werden,
um die Erde wohltätig zu befruchten
und die Menschenherzen zum Frieden zu führen.

Ich bin ein Erneuerer!
Wenn Trägheit wie Meltau auf die Menschheit fällt,
wenn Menschen in der Ernte guten, vergangenen Karmas
selbstgefällig und üppig in einer Phase
materiellen Wohlstands leben,
den sie, die noch nicht weise genug sind,
nicht zum Segen der Menschheit nutzen,
dann komme ich wie ein Hornissenschwarm
an Sommertagen
und stachle den Menschen wieder zur Tätigkeit an.

Ich reiße seinen Körper aus schlaffem Behagen,
sodaß er reinen Geistes aufsteht,
sich seinem Schicksal zu stellen.
Selbst-Erhaltung ist der Sporn,
der den Menschen
von uralten, vergessenen Tagen an
unaufhaltsam antreibt
auf dem dornigen Weg der Entwicklung.
Und dieser Akord ist es, den ich anschlage
in jedem Schlüsselton, jeder Oktave,
bis ich ihn endlich auf der höchsten Note
hellklingend ertönen lasse,
wo der Mensch nicht mehr sein getrenntes Ich
gegen meine Feuer zu schützen sucht,
sondern nunmehr die Menschheit verteidigt,
jenes andere größere Selbst –
den Ausdruck seines LOGOS-HERRN.

Wahrlich – dem, der nichts für sich begehrt,
der seinen höheren Manas mit mir zu einen wagt,
der meinem Blitz trotzt und meinem Donnerschlag,
welcher d e n Menschen zerschmettert,
dessen Motive unrein sind,
ihm werde ich das Geheimnis meiner Kraft enthüllen,
in ihm soll die „Schlange"
ihr feuriges Haupt erheben.
Die glänzenden Räder werden sich drehen,
und er soll die Atome wirbeln sehen
auf ihrer vorgeschriebenen Bahn.
Er soll einen Schimmer des großen M u s t e r s
und die Unendlichkeit des Kosmischen Planes
aufzufangen beginnen.
Er soll ein Echo der gewaltigen Harmonien hören,
durch die sich ewig das G e s e t z offenbart.
Er soll selber zu jenem G e s e t z
und zu dem läuternden Feuer werden,
welches i c h b i n .

Und dann wird er –
in meinem flammenden Herzen geschmolzen –
mit hellwachen Augen gewahren,
wie wir – mächtige Vollstrecker der Karmischen Herren –
unser richtendes Werk vollbringen.
Dann wird er erkennen, daß Gerechtigkeit waltet.
Und dieses Wissen
wird ihn mit dem feurigen Jubel durchbrausen,
der unser Wesen erfüllt
bei des Gesetzes Gebot.
In Harmonie mit uns schaffend,
wird er dann seine geringe Kraft
mit jener gewaltigen Macht vereinen,
von der er ein Teil ist.
Dann wird seine kleine Flamme hochlodern,
wird glühen und brennen
und schließlich wieder einmal
in jedem Ur-Feuer untertauchen,
aus dem er und alles Lebendige hervorging.

Doch der, der uns fürchtet, suche mich nicht,
auch nicht der, dem bisher unbekannt sind
die verborgenen Geheimnisse unserer Hierarchie,
dem noch fremd ist das Mysterium des Einsseins
unseres Willens mit jenem heiligen Zweck,
der G o t t e s ist!

Auch wer die Majestät des Feuers mißbraucht hat,
schaue nicht aus nach mir!
Er soll zerschmettert werden.
Meine Augen werden ihn blenden.
Unter dem Sturm meines Blitzes,
den Donnern meiner Stimme,
werden seine bebenden Nerven
und sein überreiztes Gehirn
ohnmächtig schwanken und taumeln.

Bis er hilflos nach Frieden ruft
und sich endlich als blind bekennt,
als töricht und machtlos
vor dem strengen Blick der W a h r h e i t .

Diese Erkenntnis kann ihn dann
möglicherweise zur Umkehr bringen
und zum Forschen nach Erleuchtung,
sodaß er fleht, Belehrung zu erhalten
über die Mysterien des S e i n s .

Dann wird er endlich entdecken,
daß in meinen strafenden Händen
und in meiner Stimme,
die den Unwürdigen schlägt,
und in meinen Augen,
aus denen die Blitze zucken,
F r i e d e n liegt für den,
dessen Herz eins mit dem A l l geworden ist.

GESTALTER DES NEUEN ZEITALTERS

Wir sind die Architekten des Neuen Zeitalters,
die Erbauer der kommenden Menschenrasse,
wir führen den Zyklischen Wandel ein,
durch uns spricht die Zukunft.
Durch uns wird ihre Note hinausgesandt,
wird ihre Form gegeben,
und ihr Name verkündet.

In unseren Zentren fühlen wir
ein geheimnisvolles Regen,
wellenschlagend über die weiten Grenzen
unseres Berührungsfeldes hinaus.
Denn ER, unser HERR, der GOTT DER SONNE,
hat, in tiefste Meditation versunken,
jenseits aller menschlichen Erkenntnis –
wiederum das GROSSE WORT ergehen lassen.
ER und Seine Brüder, die Planetarischen Herrscher,
haben einen anderen Schleier gelöst.
Ihr lichtvoller Blick tauchte in ferne Regionen
von ungeoffenbarter Weisheit,
die bis zu dieser Stunde unbekannt waren –
außer Denen, Die noch mächtiger sind als Sie.
Nun sind Sie durch dieses Geschehen
initiiert in neue Kräfte geworden,
alles menschliche Denken übersteigend.
Aus ihren Göttlichen Herzen –
neugeladen durch diese wunderbare Entwicklung –
stürzen dynamische Ströme
und fließen anfeuernd, belebend

in jede Zelle der Welten, die ihre „Körper" sind.
Aus Schwingungen eines fernen, geheimnisvollen,
mächtigeren Sonnensystems
wird bei dem Widerhallen der GROSSEN NOTE
ein neuer „STAB DER MACHT" geschaffen.
Magnetische Wellen, mächtig, mit großen Kräften geladen,
bisher seltsam-unerträumt in den unteren Welten,
werden unmittelbar freigesetzt.
Sie durchströmen den Interplanetarischen Raum,
und die Form antwortet auf allen sieben Ebenen.
JENE, DIE WISSEN,
lassen die tönenden Harmonien erklingen
und öffnen weit das Tor,
durch welches die gelösten Kräfte
ihrem Brennpunkt – der Erde – zufließen.

Dann regen wir uns – Bogenschützen des Himmels,
Herren des kommenden Zeitalters,
Söhne des URFEUERS, Krieger des LICHTES.
Wir eilen mit Deva-Heerscharen herbei,
die unser Gebot erfüllen.
Wir nehmen Wesen aus allen Reichen
in unseren schimmernden Reihen auf:
Devas der Luft und des Feuers,
Geister des Wassers, Formen-Erbauer,
Lenker der Nationen
und die, welche der Sphären Klänge verweben.

Die alten magnetischen Ströme,
die zeitalterlang in rhtythmischer Harmonie
das Leben der Erde antrieben,
widersetzen sich unserer einstürmenden Kraft.
Sie werden aus ihren wirbelnden Zentren geworfen.
Lange Zeiten werden vergehen,
ehe sie wieder zusammenfließen können
und Gleichgewicht erlangt sein wird.

Widerstreit im Himmel!
Widerstreit auf der Erde!
Die alte NOTE zersplittert in Mißklang,
und alles Lebendige
verspürt die große Veränderung.

Der Mensch in seiner dreifachen Welt erbebt.
Instinktiv weist er die erneuernde Kraft zurück.
Mitten in den Wehen des großen Überganges
steigt sein ungestümer Ruf empor.
Blind erlebt er nun in sich selber
das unbeirrte Geschehen
von Auflösung und Neugeburt.
In wilder Furcht sucht er nach Sicherheit
und klammert sich an die magischen Formeln,
mit denen er lange Zeiten
gewirkt, gebaut und gelebt hat.

Die alten Ideen sterben langsam und schmerzlich,
sie winden sich rückwärts
in Wiederholungen abgenutzter Formen.
Sie suchen zu halten, was sie gewannen.
Es ist verboten!
Es betet der Mensch in seiner Verwirrung
zu „Göttern", die er schon lange verwarf.
Er kämpft – nur Verhängnis um sich sehend.
Unter den Füßen schwankt die fest-scheinende Erde.
Die Schwächeren fallen, sie gehen unter
im Ansturm dieser neuen Gewalten,
zu denen sie keine Beziehung finden.
Sie gehen dahin und werden so bald nicht gesehen.

Doch viele andere –
Väter der Neuen Rasse – antworten dem Ruf.
Sie schütteln furchtlos und kühn
den Staub alter Träume von eifrigen Füßen.

Unentwegte Wahrheits-Sucher in allen Zeiten
entblößen sie die Brust unseren mystischen Pfeilen.
Laut fordern sie, daß LICHT gespendet werde,
und daß die WAHRHEIT sich offenbare.
Dann — — — nur dann — — —
kann ich meine Gestalt enthüllen —
als Vorbild, zu dem der neue Mensch hinstreben soll.

Ich stehe hoch auf den Schwingen
der neuen Morgendämmerung,
ich spalte die Nebel der Unwissenheit
und halte den Spiegel der Zukunft empor,
in welchem für den,
der in seine erhabenen Tiefen zu schauen wagt,
das Mysterium wiedergestrahlt wird
dessen, was werden soll!

O Mensch, mein Bruder, der du ernstlich begehrst,
mit mir gemeinsam zu wirken!
Der du mich nicht kanntest, bis in deinem Herzen,
gedrängt von der Stimme deines SONNEN-HERRN,
meine Note erklang — — — ich grüße dich!
Seltsam werden meine Pfade dir erscheinen
und seltsamer noch meine Sprache.
Doch wenn du von mir zu lernen suchst,
wenn du den Menschen mein Mittler sein willst,
mußt du bereit werden,
von deinen Brüdern gelöst zu sein,
die noch nicht fähig sind, meine Stimme zu hören.
Denn nur Verwirrung schüfe sie ihnen,
aus denen stets Mißklang und Irrtum aufsteigt.

Doch hüte auch du dich, mein Sohn!
Denn meine Stimme wird dich zerbrechen,
wenn nicht dein gesamtes Wesen
abgestimmt wird auf meine gewaltige Note.

So sei gewarnt und suche mich nicht,
wenn du, o Herold, o kühner Forscher,
dich nicht willens weißt,
die Flammen-Portale zu durchschreiten,
eingeweiht zu werden in die Mysterien der Neuen Zeit,
auch die gefahrvollen Reiche der Devas zu betreten,
die getrennt von menschlichen Strahlungen wirken.
U m d a n n zurückzukehren
als eine Fackel, als ein brennendes Scheit,
als ein Sündenträger, das Opfer für die,
welche hinter dir, von der Wahrheit geblendet,
sich davon abkehren und dich zerreißen wollen.

Aber wenn du voll Mut bleibst,
mit Barmherzigkeit und Liebe gerüstet,
wenn du mit mir und meinen Brüdern wirken willst,
dann erhebe deinen Geist
über die Wirrnisse der Erde!
Mit sternhellen Augen blick' auf die Wahrheit!
Und fürchte nichts!
In Kampf und Niederlage, ja selbst im Tod
wird deiner Stärke Stärke hinzugefügt.
Standhaft, lichtvoll wirst du durch WISSEN werden,
denn w i s s e n sollst du
und für immer von allem Zweifel befreit sein.
Dann führe ich dich durch die Labyrinthe der Leidenschaft,
durch die Fluten des Verlangens
in die Flammen meines Wesens hinein.
Ich werde dich wandeln und umgestalten,
damit dann in deinem Geist
sich schimmernd die Ereignisse der Zukunft spiegeln,
wie bei deinen Kameraden, den Sehern, den Schöpfern.

Denn wisse, mein Kind, daß die Zeit herannaht,
wo die Vorboten des Neuen Zeitalters
in Menschengestalt unter euch treten werden,

um euch weise zu führen.
Alte Missetaten müssen gesühnt,
das Gleichgewicht muß wieder geschaffen werden.

Die Neue Morgendämmerung
leuchtet nicht für den Menschen allein.
Die Söhne des „Dritten Reiches" [1]
werden mit ihren Herren jubeln.
Auch zu ihnen kommt ein Avatar, ein Erlöser;
und ER, der Tierwelt HERR,
wird die Menschen lehren, die Schuld zu sühnen,
die er an jenen kleinen Brüdern beging,
welche er noch immer erschlägt
aus falscher Gier oder mutwilliger Jagdlust.
Wodurch er die Göttlichen Gesetze bricht
und die große Harmonie zerstört,
welche das Ziel der Schöpfung ist.

Hier klafft der grausame Riß,
dies ist der Fluch auf dem Menschen,
dem in uralten Zeiten die Regentschaft
über die drei unteren Reiche gegeben ward.
Denn alle Wesen dieser Reiche,
die er selbst einst durchschritten hat,
wurden in seine Obhut gelegt,
daß er sie hüte, führe und leite,
den aufsteigenden Entwicklungsbogen empor.
Aber jene Obhuts-Pflicht verrät er
mit jeder Tat, die hilflosen Geschöpfen Leiden schafft,
obwohl er in selbstsüchtiger Blindheit
sich selber überreden möchte,
daß dieses böse Handeln gerechtfertigt sei.
So hat er das Urteil auf sich geladen,
daß er wegen der schmerzvollen Verwirrung,

[1] des Königreiches der Tiere

die er in den Tierreichen schafft,
und wegen des groben Mißbrauchs seiner Macht
für verächtlichste Zwecke
s e l b e r k e i n e n F r i e d e n erlangen kann,
bis er jene uralten Schulden getilgt hat.

Die Neue Rasse wird durch den GROSSEN eingeführt,
Der den Pfad der Umbildung zeigen kommt.
Und von diesen neuen Wellen
planetarischer Energien angefeuert,
die schon jetzt auf die Erde einwirken,
wird der Mensch die Fähigkeiten entwickeln,
die Innere Wahrheit wahrzunehmen,
in den Seelen von Menschen und Tieren zu lesen
und durch die Magie von Liebe und Sympathie
in alle Reiche einzutreten,
die höher und tiefer als sein eigenes sind.
Devas werden seine Lehrer sein.
Sein ,,Auge des Lichtes" wird geöffnet werden,
um in zaubervolle Welten zu schauen,
die er heute als Phantasien verspottet.
Dann wird man ihn die Macht des WORTES lehren.
Er wird Devas und ,,Götter"
in ihrer eigenen Sprache anreden.
Seine Könige und Regenten werden Initiierte sein
und Berührung mit den großen ADEPTEN haben,
um die Völkergeschicke weiser zu lenken.
So wird diese Rasse sich
während Jahrhunderten des Ringens und Strebens
zu einer noch herrlicheren Stufe erheben.
Und wiederum wird glanzvolle E r l e u c h t u n g
von der Höhe herniederströmen.

An jenem fernen Tage
werden die Vorgeschritteneren
aus jener Sechsten Menschenrasse

schon die Sexualkraft umgewandelt,
die Gefühlsregungen beherrscht
und alles vergängliche Wünschen getilgt haben.
Wenn dieses hohe Ziel vollendet ist,
wird man sie auch lehren,
die Kräfte des Bewußtseins zu benutzen,
um die Körper ihrer Kinder zu erbauen
und in diesen herrlichen Wesen
die höheren Eigenschaften der Geschlechter zu einen:
Selbstlose Liebe, Intuition,
machtvoll-einzieliger Wille, Weisheit und Tatkraft –
die geheimen Schlüssel hoher Schöpferkraft –
sodaß sie wiederum
in Klang, Form und Farbe bauen können. –

Lang müßt ihr noch warten darauf.
Jedoch jetzt schon
tun sich dem, welcher Augen zu sehen hat,
die ersten schimmernden Zeichen
dieses fernen, verheißenen Tages kund.
Denn schon ziehen wohltätige „Götter"
die Menschheit ihrem Ziel entgegen.
In die Herzen deren, deren Imaginationen –
vom glühenden Wunsch zur Menschenhilfe beschwingt –
sie in Entzückungs-Augenblicken
in das Reich der Ur-Ideen erheben,
wo die Zeit nicht besteht
und das Große Ziel wahrnehmbar ist –
werden aufblitzende Visionen
von jener hellen Morgendämmerung geworfen.
In ihre Hände wird die Fackel gelegt,
welche an der Göttlichen Flamme
dieser aufsteigenden glanzvollen Sonne
entzündet wurde.
Sie sind es, die ich mit brennendem Pfeil
zu meinen Boten gesiegelt habe,

um die strauchelnden Schritte des Menschen
diesem Licht engegenzuführen.
An ihnen ist es – den Vorläufern der Neuen Zeit –
deren Augen in die meinen geschaut,
deren Ohren meine Stimme gehört haben,
ihre jüngeren Menschenbrüder
auf die mächtig-brandenden Fluten
der Entwicklung zu werfen,
ihre Lotsen, ihre Leitsterne zu sein
und sie unentwegt aufwärts zu führen,
den geweihten Höhen, dem Heiligen Berg,
dem Geburts-Ort der werdenden Rasse entgegen.
Wo der Mensch mit geöffneten Augen
endlich sich selber erblicken soll –
verklärt, verherrlicht –
nicht mehr er selber nur,
sondern e i n s m i t a l l e m, w a s l e b t.

EIN WÄCHTER DER HÖHEN

Ich bin ein Geist der Berge,
der symbolhaften Form des Lebens jeder Stufe.
Aus der träg-schweren Erde – dem Körper –
steige ich auf zum Wasser – rastlos-illusorisch
gleich den menschlichen Wünschen.
Dann ziehen meine wallenden Dämpfe aufwärts
zu jenen reinen, schweigenden Höh'n,
wo nur der mächtige Wind des Geistes sich regt,
der über eisige Schneefelder streicht –
wo die Strahlen aus unserem SONNEN-HERRN
ungehemmt von atmosphärischen Schleiern niederströmen.

Ich bin ein geweihter Berg, ein sich öffnender Lotos,
ein dichter Körper jenes Heiligen Wesens –
des GEISTES DER ERDE – des Schweigenden Wächters.
In mir sind alle Elemente und Reiche vereint,
in mir ruhen aller ihrer Kräfte Möglichkeiten,
vom höchsten bis zum niedersten.
Meine Füße wurzeln tief in den zentralen Feuern,
tief an dem geheimen Ort,
wo die „Große Schlange" sich windet,
wo gasige Elemente sich verbinden,
um die ewig-wirbelnden Atome umzubilden,
und wo physischer Stoff seine stärkste,
trügende Verdichtung annimmt.
Hier glüht wirkend der GEIST und läßt die Schätze
der Mineralwelt kristallisieren:
Rubinen und Smaragde,
Diamanten, das Sinnbild von Willen und Wissen,

und Gold, welches die Macht besitzt,
menschliche Leidenschaft gierig zu entzünden.
Chemische Veränderungen und Schmelzungsprozesse,
welche den Gelehrten ungeahnt
und selbst den alten Alchemisten unvorstellbar blieben,
vollziehen sich hier durch Lebewesen
von unendlicher, wirbelnder Fülle:
Gnomen, Salamander,
dunkle Elementargeschöpfe, instinktbeherrschte Wesen,
ätherische Giganten und Zwerge,
die Sonnenlicht und das Wehen der Luft nicht kennen.
In meinen dunkelsten Tiefen aber
regen sich gewaltige, unheimliche Wesen,
die a u c h Diener des GROSSEN GESETZES sind.
Zu Zeiten werden sie aus düsterem Schlaf geweckt,
angetrieben von rätselhaften kosmischen Wandlungen
oder durch zerstörende Menschenstrahlung beschworen.
Diese Schrecklichen, die in den Kraft-Wirbeln
der tiefsten Höhlen der Erde wohnen,
zerreißen dann ihre Gefängniswände.
Auf finsteren Flügeln, mit grell-starrenden Augen
kommen sie zur Oberfläche herauf.
Dann bersten die Felsen,
vulkanische Feuer brechen tosend hervor.
Alles Leben in ihren Machtbereichen
wird rückhaltlos ausgelöscht.
Kontinente werden zum Sinken gebracht
und Ozeane bis zum Grunde erschüttert.
Dann stürzen die Geister der blauen, magnetischen Feuer,
die großen Erneuerer – Shivas mächtige Söhne – hervor,
Sie folgen dem Ruf. Zerstörer und Schöpfer zugleich,
fegen sie den Planeten rein und bauen ihn um
durch neue Elemente-Verbindungen, die er benötigt.

Wir bilden die feste Struktur der Erde,
ihr mächtiges Rückgrat, ihre Nerven und Arterien,

durch welche die heiligen Kräfte fließen,
die ihr Gesundheit und Leben spenden
und die Myriaden von Wesen ernähren,
die ihm ihre Substanz entnehmen.
Wir sind es, die riesigen Götter der Berge,
welche die Lebens-Energien
aus all unseren Reichen aufwärts ziehen
bis zu jenem hohen Gipfel,
wo Luft und Äther einander begegnen,
und sie in höheren Sphären, jenseits menschlicher Sicht,
in geistige Potenzen umwandeln.
Aus unseren verborgenen Zentren
entspringen die Quellen, das Lebensblut der Erde,
um die Berg-Flüsse zu speisen,
die, niederströmend, Felder und Weinberge tränken
und unseren unaufhörlichen Segen
über die Täler und Städte verbreiten,
wo die rastlosen Söhne der Menschen sprießen,
deren unzufriedene Stimmen
wie das Surren von Wespen
zu unserem friedvollen Wohnplatz heraufsteigt.

Immer ergeht unser lockender Ruf
an die Menschen, auszuruhen an unserer Brust,
um neue Frühlings- und Jugendkraft
für ihre ermüdeten Körper zu gewinnen
und den Frieden zu finden,
welchen wir allein geben können,
die wir in die tiefe Stille
der Göttlichen Weisheit gehüllt sind.
Aus unseren Herzen strömen wir Heilung in ihre Adern,
die von den Dünsten ihrer Welt vergiftet sind.
Wir läutern sie mit unserem lebendigen Atem.
In der Aura unserer Liebe gebadet,
in unser Schweigen eingebettet,
wo nichts da ist, den Geist zu verwirren,

kann die S e e l e sprechen,
und ihre heiligsten Kräfte
können aus Sinnen und hohem Streben erwachen.

Denn wisse, o Mensch, o Suchender:
W e n n du dich so weit erhoben hast,
und wenn du die Fesseln zerbrachest,
die dich noch an die gröbere Erde banden –
an die zerstörenden Feuer der Leidenschaft,
an die schäumenden Fluten ichsüchtiger Wünsche –
d a n n wirst du auf unseren Höhen die HEILIGEN finden,
Die, weil sie alle Lebens-Pfade beschritten
und alles lernten, was es Sie lehren konnte,
das Recht erworben haben,
sich verborgen zu halten und von fern her zu wirken,
losgelöst und friedevoll,
unbetäubt von dem rastlosen Lärm
lauter Stimmen, Leidenschaften und Ängste,
unverwirrt durch die trügenden Bilder der Zeit.
Sie sind der verkörperte GEIST,
der sichtbare Ausdruck des LOGOS-Willens.
Sie bilden die mächtige Bruderschaft der LIEBE –
Chohans, Adepten, Meister – unbekannte Inspiratoren
zahlloser Tätigkeiten ihrer jüngeren Brüder.
Sie sind die Erstlings-Früchte
einer späteren Vollkommenen Menschheit,
der Spiegel, in dem der Mensch
sein Zukunfts-Bild ahnend erblicken kann.
Sie leben immer auf Erden,
obwohl ihr Sie nicht beachtet oder bezweifelt,
obwohl das wesentliche Wissen noch darin versagt,
Ihr Werk zu begreifen
oder Ihre verborgenen Wohnstätten zu finden.

Wo sonst sollten jene Avatare der Vergangenheit sein,
die Seher der Vorzeit, die Fürsten des Genius,

die machtvollen Denker, welche euch Weisheit lehrten
und den unentwickelten Seelen
so wie Menschen den Ameisen erschienen?
Meint ihr denn, daß Sie,
die euch die Wahrheitsfackel herniederbrachten,
um euren verdüsterten Weg zu erhellen,
in einen Abgrund weggefegt wurden
oder zu einem unbekannten Stern? O nein!
Die Liebe, für die Sie lebten, strebten und starben,
bindet Sie noch immer an euch
und wird Sie weiter binden,
bis der letzte Mensch zu den Ihren gehört
und Seligkeit und Befreiung erlangte.
D i e s ist ein Teil
jenes geheimnisvollen „Opfers",
von dem die heiligen Bücher aller Zeitalter künden,
das OPFER Derer, Welche freiwillig
eine unvorstellbare Seligkeit abwiesen,
um hier zu bleiben, euch schützend und leitend,
wahrlich „bis an der Welt Ende",
wo Sie durch eure Vollendung befreit werden.

Jedoch für lange Vergangenheits-Zeiten,
während die Menschheits-Masse
Ihre Lehren ablehnend, Ihre Weisheit verhöhnend,
oder Sie in gleichgültiger Torheit verwerfend,
langsam in des „Eisernen Zeitalters" Finsternis sank,
mußten Sie unvermeidlich abseits wohnen,
verborgen in unseren Festungen von Eis und Schnee,
geschützt von unseren Wächtern – Wasser und Wind,
unsren tosenden Gießbächen, unseren felsigen Höh'n –
um nur bisweilen einen herabzusenden,
wenn durch kein anderes Mittel ein frischer Antrieb,
eine Erleuchtung gegeben werden konnte.

A b e r j e t z t hat nun endlich
des Menschen glühender Ruf nach Wahrheit,
der sich, machtvoll strömend, von jeder Seite erhebt,
eine ganz neue, umfassende Antwort beschworen.
Schon haben Sie etwas den Schleier gehoben.
Auch Devas als Instrumente und Mittler benutzend,
ließen Sie mächtige Inspirationen herabfluten,
um aufnahmefähige Erdensöhne zu erleuchten.
Da Sie mit dem Geist des Planetarischen Logos
in voller Bewußtheit vereinigt sind,
da Sie Vergangenheit, Gegenwart
und das zukünftige Werden als eins erblicken,
da Sie durch Ihre eigenen Erfahrung
von den äußersten Nöten des Menschen wissen,
kann die Menschheit nur von Ihnen
„das Brot und den Wein“ empfangen,
wonach ihre verschmachtende Seele begehrt.

Den Wenigen — Ihren Jüngern —
jenen Pionieren, die es gewagt haben,
sich zu den kristallenen Weisheits-Höhen
ihren Weg zu erkämpfen,
den Menschen, die von Ihnen erwählt
und vielfältig geschult wurden,
denen, die „geprüft“ sich als treu erweisen,
die aus dem sie umringenden Dunkel
mutig ihr Licht hervorstrahlen ließen —
d e n e n haben die MEISTER sich von je offenbart.
Und sie haben auch während aller Zeiten
i n s g e h e i m Ihre Weisheit herabergossen.
A b e r j e t z t , in diesem Zeitalter der Wende,
wird m e h r LICHT gewährt,
damit durch die glänzenden Strahlen der „PFAD“,
der sich spiralig den Berg emporwindet,
von a l l e n wahrgenommen werden kann.
Nun soll große Macht und klares Wissen

in Geist und Herz derjenigen strömen,
welche schon gelernt haben,
der von den ADEPTEN gesendeten Schwingung
von „Liebe ohne Verlangen“ zu folgen,
welche schwerelos die dünnen Lüfte
dieser reinen mentalen Sphäre zu atmen vermögen,
welche furchtlos und stark über Abgründe springen,
den scharfen Felsen trotzen
und – dem Steinbock gleich – Symbol jener,
die weder Höhe noch Tiefe fürchten –
sicheren Fußes die gefahrvollen Wege
zu den schwindelnden Gipfeln erklimmen.

Viele werden bereits –
obwohl sie es nicht erfassen mögen –
geistig aus Tälern und Städten geführt,
durch Dschungeln und Wüsten, durch reißende Wasser,
unseren schwebenden Gipfeln entgegen.
Wahrlich, sie sollen bis ans Ende geleitet werden.
Sie werden von den starken Händen der LIEBE
zu den geweihten Höhen von „Meru“,
dem heiligen Berge, gehoben.
In das wahrhafte Herz des reinen LOTOS,
wo sie eins mit dem Göttlichen Denken werden,
eins mit ihrem G o t t ,
dem A b s o l u t e n S e i n ,
dem A b s o l u t e n W i s s e n ,
der A b s o l u t e n S e l i g k e i t .

DIE KOSMISCHEN SENDBOTEN

Aus dem Interplanetarischen Raum,
aus Regionen, die jenseits des Bereiches
alles begrenzten Denkens liegen,
wo die Zeit nicht vorhanden ist
und Licht sich mit Dunkelheit schmilzt
in D E M , für D A S es kein Zeichen
und keinen Namen gibt –
schleudern die Uranfänglichen Söhne
des schöpferischen Feuers
Ihre Willens-Energien hinaus,
die Form entwickelnd und auflösend
auf allen sieben Ebenen.

Und durch uns, Ihre geschwinden Boten
und all unsere kleineren Brüder,
bis zu den Wesen hinab,
welche die wirbelnden Atome beleben,
führen und lenken Sie
die Strömungen, Wellen und Schwingungen
von jedem Typus der KRAFT,
den der Göttliche Plan erfordert.
Böses und Gutes, Licht und Dunkelheit
wägen Sie gegeneinander ab
in den gigantischen Waagschalen
des vollkommenen Gleichgewichts.
Denn durch Ursache und Wirkung offenbart sich
ewig das KOSMISCHE GESETZ.
Nur der Mensch, durch seine Sinne geblendet,
hält den Teil für das GANZE,

sieht Gutes und Böses immer getrennt
und kennt nicht die großen Zusammenhänge.

Vollkommen ist das Gesetz.
Es entwickelt alles Geschehen seiner Ausgleichung zu.
Jedes Ding ist eine Facette des GANZEN.
Myriaden von Partikeln feurigen Lebens –
FOHAT's rätselhafte Söhne –
werden durch den leisesten Hauch
in tosende Drehung versetzt.
Kein Klang existiert, kein Gedanke,
keine Bewegung in irgendeinem Wesen,
wodurch nicht eine Kräuselwelle entsteht,
die alle Bereiche des Seins durchflutet,
bis zu so ungeheuren Fernen,
daß die menschliche Fassungskraft
vor solchen Möglichkeiten taumelt.

In der gesamten Schöpfung
antwortet immer Leben einem anderen Leben.
Jedes erschaffene Wesen
zieht durch seinen eigenen geheimnisvollen Magnetismus
alles an sich, was es für seine Ausdehnung braucht.
Wenn die machtvollen Kosmischen Kräfte
in zyklischem Pulsschlag, mit dynamischen Energien
über des Menschen kleiner Welt dahinrauschen,
erwidert ihnen auch freudig
der Mikokosmos des Menschenkörpers.
Jedes seiner Atome
erkennt in dem majestätischen Chor
unfehlbar seine eigene Ursprungs-Note.
Aus Fixsternen, aus Planeten,
aus Energien, die in den rätselhaften Zentren
der Tierkreiszeichen erzeugt werden,
zieht der Mensch seine Substanz,
einsammelnd die Partikel, die er benötigt.

Und während seines gesamten Lebens
erbaut er durch Denken und Handeln „Permanente Atome“,
die latent nach seinem Tode ruhen,
bis er sie wieder hervorruft,
damit sie sich aufs neue in ihm inkarnieren
und er das ernten kann, was er einst säte.
In gleicher Weise spiegelt jedes Menschenwesen
die Einflüsse planetarischer Kräfte wider,
wandelt sie wohltätig um
oder entnimmt ihnen den unheilvollen Impuls
zu einem schicksalhaften Verhängnis.

Es gibt kein getrenntes Dasein.
Der gleiche Atem beseelt
sogar jene Sieben Gewaltigen Namenlosen,
in Deren Geister der S C H Ö P F E R Selbst
Seinen Willen reflektiert.
Denn auch selbst diese Mächtigsten
müssen geheimnisvolle Energien
aufnehmen und umgestalten,
dem gleichen Gesetz wie der Mensch gemäß,
in der Erfüllung des Rhythmus,
nach dem alle Dinge sich ewig entwickeln,
von der Blume bis zum entferntesten Stern.
Dieses Gesetz bildet den Schlüssel des UNIVERSUMS.

SIE – Wesen von ehrfurchtgebietender Hoheit –
hüten für euch die Tore
zu jenem erhabenen Mysterium,
dem „Ring-überschreite-mich-nicht“,
von wo – aus dem Unbekannten –
zur vorbereiteten Stunde
neue Kräfte in eure Welt fließen werden.
Wahrlich – die Kosmische Wandlung rückt näher.
Ein anderer Menschentyp – Söhne des Aquarius –
sucht sich schon jetzt

eine Wohnstatt auf der Erde zu bilden,
und für ihr Werk sind neue Energien erforderlich.
Die heiligen Pforten sind geöffnet,
und uns – Geistern der fernen Gefilde des RAUMES –
wird jetzt geboten, dieses neue Leben
in Kosmischen Strahlen auszugießen,
die dem Menschen noch unbekannt sind.
Wir sollen ihm die Botschaft der Sphären bringen
und ihm Mysterien offenbaren,
die bisher verhüllt und verborgen waren.

Wir stehen auf den wirbelnden Kreisen
der S i e b e n S p h ä r e n .
Durch uns sollen dem Menschen
die Heiligen WORTE vermittelt werden.
Durch uns, die wir immer nach den „Zeichen" ausschauen
und warten auf das HEILIGE WORT,
die wir leben, um schaffend zu wirken
nach dem Willen D E S S E N ,
D E R uns ins Leben rief,
wird der Ruf an den Menschen ergehen,
zu wachen, zu warten, zu dienen mit uns.

Aber, jedes Menschen Wille ist frei!
Er kann sich weigern, nach Vollkommenheit zu ringen.
Er kann dem STROM die Stirne bieten,
Er kann trachten, sich gegen die Gezeiten GOTTES
zu stemmen.
Er kann seinen winzigen Willen
dem großen LIEBES-WILLEN entgegenstellen,
der ihn ewig zu jener V e r e i n i g u n g drängt,
worin er einzig die Erfüllung
all seiner Sehnsuchts-Visionen findet.
Er kann dagegen ankämpfen,
von seinem Traum der Getrenntheit verblendet,
weil er nicht D A S kennt, was er ist.

Er kämpft dann gegen Scharen von Phantomen,
seine eigenen Wahnvorstellungen.
Seine Fäuste schlagen gegen die dunstigen Mauern
des Kerkers, den er sich selber erbaut hat,
während zu seiner rechten Hand
das Tor zur Befreiung weit geöffnet steht!
Der Gott in ihm wird warten.
Er erkennt sich als unzerstörbar.
Sobald der Mensch sich dem LICHT zuwendet,
wird er da sein, um ihn voranzuführen. –

Wahrlich! Wenn der Mensch endlich verlangt,
sich mit dem Göttlichen Willen zu einen,
seine Rolle richtig zu spielen
in der herrlichen Symphonie der Kosmischen Pläne –
wenn er die Geheimnisse der Sterne erlauschen will,
die Ebbe und Flut der planetarischen Wellen,
die – gleich dem Meer – alle Dinge
in ihre Wesenselemente zerschmelzen –
wenn er wissen will, wie er sein eigenes Schicksal
durch Verständnis des ewigen Karma-Gesetzes
weise regieren kann –
wenn er lernen will,
nur auf der höchsten Oktave zu schwingen,
wo alles Widerstreitende harmonisch sich eint –
wenn er wünscht, das Unendlich-Kleine
und das Unendlich-Große schauend zu begreifen,
um diese Extreme auszugleichen,
zwischen denen er jetzt hilflos hängt,
gefangen im Gewebe seiner Unwissenheit –
wenn er, um die Nutzung der Elemente zu lernen,
Kräfte wecken möchte, die latent in ihm ruhen,
ohne die der Forscher vergebens die Wahrheit sucht – – –
dann muß er zu denen, die wissen,
seinen Blick erheben.

Demütig muß er beiseitelegen
den intellektuellen, mauer-errichtenden Stolz,
seine persönlichen Wünsche
und das blinde Vertrauen auf vergängliche Lehren,
die aus beschränktem Denken stammen.
Er muß bitten, daß der Weg zur höheren Weisheit
ihm gewiesen und daß er neu-unterrichtet werde.
Damit all seine Fähigkeiten so durchlichtet werden,
daß er die WAHRHEIT leuchtend schauen kann,
nicht mehr mit dem irrigen Menschenverstand,
sondern mit der klaren Sicht der Ewigkeit.

Doch nur durch das Finden des Uralten PFADES,
den alle Weisen der Welt gewandert sind,
kann der Mensch je hoffen,
das Wissen und die Macht zurückzugewinnen,
die er sich in alten, vergessenen Tagen
durch Mißbrauch verwirkt hat.
A l s wegen seines Stolzes und Zerstörungstriebs
das WORT sich von ihm wandte
und er aus dem lichten Garten vertrieben ward,
wo er mit uns Heerscharen der Elemente wirkte,
wo er die Harmonien von Farbe und Klang vernahm
und frei in die höheren Sphären einging,
wo er intuitive Wahrnehmung besaß,
d a wurde er in bittere Verbannung,
in die dunkle Schranke jener Unwissenheit getrieben,
worin er noch wandert – blind und taub,
in den Nebeln des Getrenntheitswahnes verirrt.

Erst wenn er jede Empfindung beherrscht
und seinen persönlichen Willen gebändigt hat,
erst wenn es ihm unmöglich wurde,
jemals unsere Kräfte zerstörend zu brauchen,
erst wenn er nur aus selbstloser Liebe verlangt,
den Schleier von der WAHRHEIT zu heben,

und, uns gleich, nur unaufhörlich
nach dem Willen des EINEN HERRN DES LEBENS
streben, wirken und leben will – – –
kann er in vollem Bewußtsein
mit jenem S o h n d e s L i c h t e s
wieder-vereinigt werden, der er selber ist.

Dann wird der letzte Schleier weichen.
Dann wird er die himmlische Glorie
dessen, was er wahrhaft ist,
nicht dunkel mehr schauen,
sondern von Angesicht zu Angesicht.
Und schauend wird er selber werden

das LICHT, das LEBEN, die WAHRHEIT, der PFAD.